JN302194

時間がない人のための
中学英語やりなおし

Kunitaka Sakamoto
坂本訓隆

チェックテストで穴をみつけて
集中的に補強するから
中学3年分の英語をスピーディに総復習できる

はじめに

　時間がない、時間がない、時間がない。そうです。私もあなたも皆さんも、だいたいの人は時間がない。あれもしなきゃ、これもしなきゃ、でも残された時間はあんまりなくて何をしていいのかわからない。会社でTOEICを受けるように言われたけど、もう何年も英語から離れていたから、一応中学の基礎で抜けているところはないかまず確認したい。けど、仕事が忙しくてなかなか時間がない。高校入試が迫って来たけど、英語の基礎で見落としているところはないだろうか。だが、もうそれほど時間は残っていない。大学入試の勉強を進めていきたいけど、中学レベルでわかっていないところはないだろうか。でも高校レベルの勉強に早く移りたいので、それほど時間はかけられない。などなど、中学英語に抜けはないかチェックしたい、しかし、時間はそんなに十分はない、といった思いでおられるいろんな方々のために、この本を書きました。少ない時間で効率的に中学英語を確認したい。そんな皆さんのための本です。

　しかし、「3日でできる」とか「10時間でできる」なんてこと、私は言いません。それはその人の現在の英語力や理解力などによって左右されるからです。ですが、手早くやり直す方法は確かにあります。それは問題でまず理解できていないところ、苦手なところを見つけ出して、そこを補強していくというやり方です。

　この本では、まず各単元の初めにチェックテストを設けてあります。ここで、重要事項、基本事項で抜け落ちているところはないかチェックしてみてください。そして、弱点が見つかったらそこを補強しましょう。これなら、時間のない人でもさっと中学英語のやりなおしができるはずです。

　英語の基礎をやりなおしたいがなかなか時間がないとお嘆きの皆さんに、少しでもこの本がお役に立てば望外の喜びです。

坂本訓隆

目 次

はじめに 3
この本の使い方 10

CHECK 1　動　詞

チェックテスト　12
要点の確認　19
詳しい解説　21
　1. be 動詞　21
　2. There is〔are〕～. の文　23
　3. 一般動詞（現在形）　24
　4. 一般動詞（過去形）　28
　5. 進行形　31
　6. be 動詞・一般動詞の否定文・疑問文　32

CHECK 2　助動詞

チェックテスト　35
要点の確認　43
詳しい解説　45
　1. 助動詞の基本　45
　2. can　45
　3. will　49
　4. must　52
　5. may　56
　6. shall, should, would　57
　7. 助動詞書き換えのまとめ　59

CHECK 3　比　較

チェックテスト　61
要点の確認　69
詳しい解説　71
 1. 原級、as ～ as…　71
 2. 比較級・最上級　74
 3. more、most を用いた比較　76
 4. like ～ better〔(the) best〕　77
 5. いろいろな表現　78

CHECK 4　不定詞の基本3用法

チェックテスト　82
要点の確認　86
詳しい解説　87
 1. 名詞的用法　87
 2. 副詞的用法　88
 3. 形容詞的用法　89

CHECK 5　動名詞

チェックテスト　91
要点の確認　96
詳しい解説　98
 1. 動詞の目的語になる動名詞　98
 2. 動名詞と不定詞　99
 3. 前置詞の目的語になる動名詞　101
 4. 文の主語や補語になる動名詞　103

CHECK 6　基本5文型

チェックテスト　105
要点の確認　109
詳しい解説　111
　1. 第1文型　111
　2. 第2文型　111
　3. 第3文型　112
　4. 第4文型　113
　5. 第5文型　115

CHECK 7　受動態

チェックテスト　117
要点の確認　122
詳しい解説　124
　1. 受動態の意味と形　124
　2. 受動態の時と否定文・疑問文　125
　3. 能動態と受動態の書き換え　126
　4. 注意すべき受動態　127

CHECK 8　現在完了

チェックテスト　130
要点の確認　136
詳しい解説　139
　1.「継続」を表す現在完了　139
　2.「経験」を表す現在完了　142
　3.「完了・結果」を表す現在完了　145
　4. 現在完了の3用法　149

CHECK 9　接続詞

チェックテスト　151
要点の確認　157
詳しい解説　158
 1. 接続詞の意味　158
 2. 接続詞の that、連語の接続詞　160

CHECK 10　前置詞

チェックテスト　166
要点の確認　171
詳しい解説　172
 1. 前置詞の基本的な用法　172
 2. 前置詞と連語　175

CHECK 11　不定詞を含む重要表現

チェックテスト　178
要点の確認　182
詳しい解説　184
 1. It ~（for -）to …、疑問詞＋to ~　184
 2. tell〔ask, want〕~ to …　187
 3. too ~ to…, enough to ~　189

CHECK 12　関係代名詞

チェックテスト　193
要点の確認　198
詳しい解説　200
 1. 主格の who　200
 2. 主格の which, that　203
 3. 目的格の which, that　205

CHECK 13　分　詞

- チェックテスト　210
- 要点の確認　213
- 詳しい解説　214
    1. 現在分詞　214
    2. 過去分詞　216

CHECK 14　間接疑問文、付加疑問文

- チェックテスト　218
- 要点の確認　226
- 詳しい解説　228
    1. 疑問詞を使った疑問文　228
    2. 間接疑問文　233
    3. 付加疑問文　237

CHECK 15　名詞、代名詞

- チェックテスト　243
- 要点の確認　251
- 詳しい解説　253
    1. 名詞、冠詞　253
    2. 代名詞　258

CHECK 16　形容詞、副詞

- チェックテスト　263
- 要点の確認　267
- 詳しい解説　268
    1. 形容詞　268
    2. 副詞　270

CHECK 17　命令文、感嘆文、会話表現

- チェックテスト　273
- 要点の確認　278
- 詳しい解説　280
  1. 命令文　280
  2. 感嘆文　283
  3. 会話表現　284

この本の使い方

　まず、各単元のチェックテストを受けてみてください。正解できれば、それで OK です。できなければ、それぞれの問題に応じて指示がありますので、それに従って、単元のポイントを確認したり、さらに解説を読んだりすることになります。

　つまり、わかっていないところを見つけてそこを補強する、といったやり方になります。

　もし、チェックテストをするのは少し億劫だ、チェックテストをするどころか、内容をほとんど忘れてしまっている、などといった方は、[要点の確認]を先にやってみてもいいかもしれません。そして曖昧なところや理解していないと思われるところの[詳しい解説]を読む。それからチェックテストを理解したかどうか確認するためにやってみる。という順番もありでしょう。

　また、ひととおり内容が理解できたら、復習の意味で[要点の確認]のみを何回もさーっとチェックしてみる。内容を忘れてしまったものは、□のチェックボックスに×印を付けていく。2回目には、その×印のものだけを復習してみる。などなど、それぞれの事情に応じて工夫してみてください。

〔通常の使い方〕

```
各単元の           全問正解
〔チェックテスト〕  できた    ⇒  次の単元へ
を受けてみる
    ↓
不正解があったり
あいまいな点がある
    ↓
〔要点の確認〕で    内容が
重要なポイントを   思い出せた ⇒  次の単元へ
確認する
    ↓
内容がわからなかったり
あいまいなところがある
    ↓
〔詳しい解説〕で
じっくり内容を
復習する
```

〔中学英語をすっかり忘れている場合〕

```
〔詳しい解説〕で
まず内容を復習
する
    ↓
各単元の           全問正解
〔チェックテスト〕  できた    ⇒  次の単元へ
を受けてみる
    ↓
不正解があったり
あいまいな点がある
    ↓
〔詳しい解説〕を
再度、読み直し    理解できた ⇒  次の単元へ
てみる
```

〔とても急いでいる場合、または再度、復習する場合〕

```
〔要点の確認〕で   内容を      次の
内容を覚えてい   覚えている ⇒ 〔要点の確認〕
るか確認する                   へ
    ↓
内容を覚えていなかったり
あいまいなところがある
    ↓
〔詳しい解説〕で   内容を      次の
再度、内容を     思い出した ⇒ 〔要点の確認〕
復習する                       へ
```

CHECK 1　動詞

では、まず「動詞」が理解できているか、以下のチェックテストで確認してみましょう。

チェックテスト

1　次の英語を日本語になおしなさい。

(1)　He is at home.　（　　　　　　　　　　　）
(2)　She was pretty.　（　　　　　　　　　　　）

2　is, am, are のうち、次の主語に適するものを選びなさい。

(1)　Those _____　　(2)　Taro and I _____
(3)　His brother _____

3　was, were のうち、次の主語に適するものを選びなさい。

(1)　These boys _____
(2)　This long pencil _____

4　次の英語を(1)は否定文に、(2)は疑問文に書き換えなさい。

(1)　They were in Tokyo. _____
(2)　He is at home. _____

5　次の日本語に合うように（　）に適する語を書きなさい。

(1)　机の上に、ペンが4本あります。
　　（　　　　）（　　　　）（　　　　）pens on the desk.
(2)　あの部屋に、女の子が2人いました。
　　（　　　　）（　　　　）（　　　　）girls in that room.

6 次の英語を(1)は否定文に、(2)は疑問文に書き換えなさい。

(1) There is a cat under the table.

(2) There was an apple in this box.

7 次の動詞の日本語の意味を(　)に書きなさい。

(1) visit　(　　　)　(2) close　(　　　)
(3) break　(　　　)　(4) find　(　　　)
(5) lose　(　　　)　(6) write　(　　　)

8 次の動詞の3人称単数現在形を　　　にそれぞれ書きなさい。

(1) play　　　　　(2) watch
(3) study　　　　(4) do
(5) take　　　　　(6) have

9 次の英語を①否定文と②疑問文に書き換えなさい。

(1) You play baseball.　①
　　　　　　　　　　　　②
(2) She uses the pencil.　①
　　　　　　　　　　　　②

10 次の動詞の過去形を　　　にそれぞれ書きなさい。

(1) wash　　　　　(2) live
(3) study　　　　(4) begin
(5) buy　　　　　(6) do
(7) hear　　　　　(8) teach

11 次の日本語に適する英語を書きなさい。

(1) 昨年　　　　　(2) 今朝

12 次の英語を①否定文と②疑問文に書き換えなさい。

(1) He lived in Osaka.　①　_____
　　　　　　　　　　　　②　_____

(2) Tom went to school.　①　_____
　　　　　　　　　　　　②　_____

13 次の動詞を、ing形にしなさい。

(1) do　_____　　(2) have　_____
(3) play　_____　(4) run　_____
(5) sit　_____　　(6) study　_____
(7) swim　_____　(8) use　_____

14 次の日本語に合うように( )に適する語を書きなさい。

(1) 私は、テレビを見ています。
　　I (　　　) (　　　　) TV.

(2) その女の子たちは、海で泳いでいました。
　　The girls (　　　　) (　　　　　) in the sea.

15 次の英語を(1)は否定文に、(2)は疑問文に書き換えなさい。

(1) We are singing the song.

_____

(2) Her mother was writing a letter.

_____

16 次の文を①否定文と②疑問文にしなさい。

(1) He is a student.
　　①　_____
　　②　_____

(2) You know this girl.
　　①
　　②
(3) We are playing tennis.
　　①
　　②
(4) She uses this computer.
　　①
　　②
(5) There is a pen in the box.
　　①
　　②
(6) We went to the park.
　　①
　　②
(7) She was in the room.
　　①
　　②
(8) Tom was using the desk.
　　①
　　②
(9) Tom cooks lunch for her.
　　①
　　②
(10) There were two books in my hand.
　　①
　　②
(11) His brother read this book.
　　①
　　②

1

動詞

解答

1 (1) 彼は家にいます。　(2) 彼女はかわいかった。
2 (1) are　(2) are　(3) is
3 (1) were　(2) was
4 (1) They were not〔weren't〕in Tokyo.
　　(2) Is he at home?

▤ここまで1問でも間違いがあれば、要点の確認 1 でチェック。内容が理解できていないようなら、さらに詳しい解説 1 へ。

5 (1) There are four　(2) There were two
6 (1) There is not〔isn't〕a cat under the table.
　　(2) Was there an apple in this box?

▤ここまで1問でも間違いがあれば、要点の確認 2 でチェック。内容が理解できていないようなら、さらに詳しい解説 2 へ。

7 (1) 訪れる　(2) 閉める　(3) こわす　(4) 見つける
　　(5) 失う　(6) 書く
8 (1) plays　(2) watches　(3) studies　(4) does
　　(5) takes　(6) has
9 (1) ① You do not〔don't〕play baseball.
　　　② Do you play baseball?
　　(2) ① She does not〔doesn't〕use the pencil.
　　　② Does she use the pencil?

▤ここまで1問でも間違いがあれば、要点の確認 3 でチェック。内容が理解できていないようなら、さらに詳しい解説 3 へ。

10 (1) washed　(2) lived　(3) studied　(4) began

(5)	bought	(6)	did	(7)	heard	(8)	taught

11 (1) last year　(2) this morning

12 (1) ① He did not〔didn't〕live in Osaka.
　　　② Did he live in Osaka?
　　(2) ① Tom did not〔didn't〕go to school.
　　　② Did Tom go to school?

😐ここまで**1**問でも間違いがあれば、要点の確認 **4** でチェック。内容が理解できていないようなら、さらに詳しい解説 **4** へ。

---

13 (1) doing　(2) having　(3) playing　(4) running
　　(5) sitting　(6) studying　(7) swimming　(8) using

14 (1) am watching　　(2) were swimming

15 (1) We are not〔aren't〕singing the song.
　　(2) Was her mother writing a letter?

😐ここまで**1**問でも間違いがあれば、要点の確認 **5** でチェック。内容が理解できていないようなら、さらに詳しい解説 **5** へ。

---

16 (1) ① He is not〔isn't〕a student.
　　　② Is he a student?
　　(2) ① You do not〔don't〕know this girl.
　　　② Do you know this girl?
　　(3) ① We are not〔aren't〕playing tennis.
　　　② Are we playing tennis?
　　(4) ① She does not〔doesn't〕use this computer.
　　　② Does she use this computer?
　　(5) ① There is not〔isn't〕a pen in the box.
　　　② Is there a pen in the box?
　　(6) ① We did not〔didn't〕go to the park.
　　　② Did we go to the park?

(7) ① She was not〔wasn't〕in the room.
　　② Was she in the room?
(8) ① Tom was not〔wasn't〕using the desk.
　　② Was Tom using the desk?
(9) ① Tom does not〔doesn't〕cook lunch for her.
　　② Does Tom cook lunch for her?
(10) ① There were not〔weren't〕two books in my hand.
　　② Were there two books in my hand?
(11) ① His brother did not〔didn't〕read this book.
　　② Did his brother read this book?

☐ここまで１問でも間違いがあれば、要点の確認 6 でチェック。内容が理解できていないようなら、さらに詳しい解説 6 へ。

▶▶▶ 要点の確認

[CHECK 1　動詞]

以下のそれぞれの要点を見て内容が思い出せればOK。わからなかったり、あやふやだったりしたら、〔詳しい解説〕の該当箇所を読みましょう。

1　be 動詞

- □ 〈主語＋be 動詞＋～〉「(主語)は～です」「(主語)は～にいます」
- □ 現在形… is, am, are 「～です」「あります」
- □ 過去形… was, were 「～でした」「ありました」
- □ 否定文…〈主語＋be 動詞＋not ～ .〉
- □ 疑問文…〈Be 動詞＋主語～ ?〉

2　There is〔are〕～ . の文

- □ There is〔are〕～ . 「(…に)～があります」
- □ There was〔were〕～ . 「(…に)～がありました」
- □ 否定文…〈There is〔are〕not ～ .〉
- □ 疑問文…〈Is〔Are〕there ～ ?〉

3　一般動詞（現在形）

- □ 一般動詞…be 動詞以外の動詞
- □ 主語が 3 人称単数で現在のときは、s(es)を一般動詞につける。
  （主語が単数で現在形なら、s(es)を動詞につける。ただし、I と you は例外。）
- □ 否定文（現在）…〈主語＋do〔does〕not＋動詞の原形～ .〉
- □ 疑問文（現在）…〈Do〔Does〕＋主語＋動詞の原形～ ?〉
  　　　　　　　　　　　→答えにも do〔does〕を使う。

4　一般動詞（過去形）

- □ 一般動詞の過去形

　　　　　・規則動詞(語尾に ed, d をつけて過去形にする)
　　　　　・不規則動詞(一つひとつ変化が異なる)
- [ ] 否定文(過去)…〈主語＋ did not ＋動詞の原形～．〉
- [ ] 疑問文(過去)…〈Did ＋主語＋動詞の原形～？〉
　　　　　　　　　　　　　　→答えにも did を使う。

5　進行形

- [ ] 現在進行形〈is, am, are ＋動詞の ing 形〉
　　「～しているところです」「～しています」
- [ ] 過去進行形〈was, were ＋動詞の ing 形〉
　　「～しているところでした」「～していました」
- [ ] 否定文…〈主語＋ be 動詞＋ not ＋動詞の ing 形～．〉
- [ ] 疑問文…〈Be 動詞＋主語＋動詞の ing 形～？〉

6　be 動詞・一般動詞の否定文・疑問文

- [ ] 英文に、be 動詞がある場合
　　　① 否定文…be 動詞のあとに not
　　　② 疑問文…主語の前に be 動詞
- [ ] be 動詞がなく、一般動詞がある場合
　(1) 現在形で 3 単現の s(es) がない場合
　　　① 否定文…do not〔don't〕を動詞の前に。
　　　② 疑問文…do を主語の前に。
　(2) 現在形で 3 単現の s(es) がある場合
　　　① 否定文…does not〔doesn't〕を動詞の前に。動詞は原形。
　　　② 疑問文…does を主語の前に。動詞は原形。
　(3) 過去形の場合
　　　① 否定文…did not〔didn't〕を動詞の前に。動詞は原形。
　　　② 疑問文…did を主語の前に。動詞は原形。

[CHECK 1　動詞]

詳しい解説

1　be 動詞

①　be 動詞の形と意味

「～です」とか「います」などという意味を表すのが、be 動詞です。原形(もともとの形)が be だから「be 動詞」といいます。〈主語＋ be 動詞＋～〉で、「(主語)は～です」とか「(主語)は～にいます」などの意味になります。

現在形で、is, am, are、過去形で、was, were と変化します。

(1) 現在形…is, am, are 「～です」「あります」
　　Tom is in the library now.（トムは今、図書館にいます。）

(2) 過去形…was, were 「～でした」「ありました」
　　Tom was in the library then.
　　（トムはそのとき、図書館にいました。）

　　主語に応じた be 動詞は、下表のとおりです。

主　　語		現在形	過去形
1人称	単　数	I	am	was
	複　数	we	are	were
2人称	単・複	you	are	were
3人称	単　数	he, she, it	is	was
	複　数	they	are	were

② be 動詞の肯定文・否定文・疑問文

be 動詞の肯定文や否定文、疑問文の語順は、次のようになります。

(1) 肯定文…〈主語＋ be 動詞～．〉
    肯定文のときは、〈主語＋ be 動詞～．〉の語順になります。
    Tom was sick yesterday.
    (トムは、昨日病気でした。)

(2) 否定文…〈主語＋ be 動詞＋ not ～．〉
    否定文では、be 動詞のあとに not を入れます。
    Tom was not sick yesterday.
    (トムは、昨日病気ではありませんでした。)
    ※次の短縮形にも注意しましょう。
    　　is not → isn't　　　　are not → aren't
    　　was not → wasn't　　 were not → weren't

(3) 疑問文…〈Be 動詞＋主語～？〉
    疑問文では、be 動詞を主語の前に出して、〈Be 動詞＋主語～？〉の語順にします。疑問文に対する答えは、主語を代名詞にかえて答えます。
    Is your sister a student?
    (あなたの姉[妹]は生徒ですか。)
    　→ Yes, she is. (はい、そうです。)
    　／No, she isn't. (いいえ、違います。)

be 動詞の否定文や疑問文のこの作り方は、後から出てくる進行形や受動態(受け身形)でも同じです。つまり、be 動詞を使っている文では、すべてこの作り方で否定文・疑問文を作ることになります。

2 There is〔are〕〜. の文

〈There is〔are〕〜 .〉の文は、be 動詞を使っている文で覚えておかなければならない形の 1 つです。

① There is〔are〕〜. の文

「(…に) 〜があります」というときは、〈There is〔are〕〜 .〉の文を使います。あとにくる名詞が単数のときは〈There is 〜 .〉、複数のときは〈There are 〜 .〉となります。

　　There is a book on the desk.（机の上に、1 冊の本があります。）
　　There are two books on the desk.（机の上に、2 冊の本があります。）

「(…に) 〜がありました」と過去のことを表すときは、〈There was〔were〕〜 .〉とします。

　　There was a park near here.（この近くに公園がありました。）

この There is〔are〕〜 . の文では、the や my、your などの所有格が名詞について特定のものを指しているときは使えません。

　　There is my pen on the desk.（×）
　　There are the books in my bag.（×）

は、いずれも間違いです。これらは、それぞれ、

　　My pen is on the desk.（○）
　　The books are in my bag.（○）

としなければなりません。注意が必要なところです。

② There is〔are〕~. の否定文・疑問文

　There is〔are〕~. の否定文、疑問文は、1の② be 動詞の否定文・疑問文の作り方と同じです。このとき、There を主語のように扱うことに注意しましょう。

(1) 否定文…〈There is〔are〕not ~ .〉
　　is や are のあとに not をおいて、〈There is〔are〕not ~ .〉の形にします。これは、〈There is〔are〕no ~ .〉という形で書き換えることもできます。なお、〈not ~ any …〉は「1つも…ない」の意味です。

　　　There are not any parks near here.
　　　（この近くに公園はありません。）
　　 = There are no parks near here.

(2) 疑問文…〈Is〔Are〕there ~ ?〉
　　is や are を There の前に出して、〈Is〔Are〕there ~ ?〉の形にします。答え方は、there を主語のように扱って、〈Yes, there is〔are〕. / No, there is〔are〕not.〉となります。

　　　Is there a park near here?（この近くに公園はありますか。）
　　　　Yes, there is.（はい、あります。）
　　　／ No, there isn't.（いいえ、ありません。）

3 一般動詞（現在形）

① 一般動詞

　be 動詞以外の動詞を「一般動詞」といいます。study「勉強する」、like「~が好きだ」のように動作や状態を表します。一般動詞は、一つひ

とつ覚えなければいけません。主な動詞を次で確認しましょう。

play（遊ぶ）	open（開ける）	visit（訪れる）
wash（洗う）	start（始める）	watch（見る）
help（助ける）	talk（話す）	call（呼ぶ）
live（住む）	like（好む）	close（閉める）
study（勉強する）	cry（泣く）	try（試す）
become（～になる）	begin（始める）	break（こわす）
buy（買う）	come（来る）	cut（切る）
do（する）	eat（食べる）	find（見つける）
get（得る）	give（与える）	go（行く）
have（持つ）	hear（聞く）	know（知る）
lose（失う）	make（作る）	meet（会う）
put（置く）	read（読む）	run（走る）
say（言う）	see（見る）	sell（売る）
sit（すわる）	speak（話す）	stand（立つ）
swim（泳ぐ）	take（取る）	teach（教える）
tell（話す）	write（書く）	

② 3人称単数現在形（3単現）

　会話をしている自分側のIやweを1人称といいます。その会話の相手であるyouを2人称といいます。そしてその会話の中に登場してくるhe, she, it, theyにあたるものを3人称といいます。この3人称に関してとても重要なルールがあります。それは、「現在形で、主語が3人称で単数(1人、1匹、1つなど)にあたるとき、一般動詞にはs(es)をつけなければならない」というルールです。

　たとえば、主語がIであれば、

I play the piano every day.
（私は、毎日ピアノを弾きます。）

となり、play はそのままでいいのですが、主語が he になると、

He plays the piano every day.
（彼は、毎日ピアノを弾きます。）

と、play のあとに s をつけて plays としなければいけません。これが 3 人称単数現在の s(es) というルールなのです。

　ただ、別の見方をすると、「主語が単数で現在形なら、s(es) を動詞につける。ただし、I と you は例外。」ということもできます。主語が、1 人、1 匹、1 つの単数形で現在のことを述べていて、I でも you でもなければ、一般動詞に s(es) をつけなければならない、と覚えた方が理解しやすいかもしれません。なぜ、I と you は例外なのかというと、この 2 人は会話をしている特別な人にあたるから、と考えることができます。

　s(es) のつけ方や発音は次のようになります。

(1) 　s(es) のつけ方
　① 　ふつうは s をつける。(likes, runs, talks)
　② 　語尾が s, sh, ch, o → es（washes, watches, goes）
　③ 　語尾が〈子音字＋y〉→ y を i にかえて es（study → studies）
　　　　［注］〈母音字＋y〉のときはそのまま s をつける。(plays)
　④ 　have は has という形になる。

(2) 　s(es) の発音のしかた
　① 　[s, z, ʃ, ʒ, tʃ, dʒ] のあと→ [iz] 　passes, teaches
　② 　[z, ʒ, dʒ] 以外の有声音のあと→ [z] 　comes, plays
　③ 　[s, ʃ, tʃ] 以外の無声音のあと→ [s] 　likes, jumps

③ 一般動詞・現在形の否定文と疑問文

一般動詞で現在形の場合、否定文や疑問文の作り方は次のようになります。

(1) 否定文…〈主語＋do〔does〕not＋動詞の原形～．〉

一般動詞で現在形のときの否定文は、次の例文のように一般動詞の前にdo notやdoes notをおきます。does notを使うのは、主語が3人称単数のときです。そして、一般動詞は常に原形でなければなりません。肯定文からの書き換えで、3人称単数のとき、s(es)をつけたままにしないよう注意してください。また、do notにはdon't、does notにはdoesn'tという短縮形がありますので、それを使ってもかまいません。

　　I don't play the violin.
　　（私は、バイオリンを弾きません。）
　　She doesn't play the violin.
　　（彼女は、バイオリンを弾きません。）

(2) 疑問文…〈Do〔Does〕＋主語＋動詞の原形～？〉
　　　　　　　　　　　→答えにもdo〔does〕を使う。

一般動詞で現在形のときの疑問文は、次の例文のようにDoやDoesを主語の前に出して作ります。答えにもdo〔does〕を使って答えます。Doesを使うのは、主語が3人称単数のときです。このときやはり、一般動詞は常に原形でなければなりません。

　　Do you play the violin?
　　（あなたは、バイオリンを弾きますか。）
　　　Yes, I do.（はい、弾きます。）
　　　／No, I don't.（いいえ、弾きません。）

Does she play the violin?
(彼女は、バイオリンを弾きますか。)
　　Yes, she does. (はい、弾きます。)
　　/ No, she doesn't. (いいえ、弾きません。)

4　一般動詞（過去形）

①　一般動詞の過去形（規則動詞）

　過去のことをあらわすには動詞を過去形にして述べます。一般動詞には、
・規則動詞（語尾に ed, d をつけて過去形にするもの）
・不規則動詞（一つひとつ変化が異なるもの）
があります。

　規則動詞 play を使った文では、

　They played baseball yesterday.
　(彼らは昨日、野球をしました。)

のように、ed をつけ played にして過去をあらわします。

　不規則動詞 go を使った文では、

　She went to the library two days ago.
　(彼女は2日前、図書館へ行きました。)

のように、過去形の went に変化させて過去をあらわすことになります。
　ですから、過去形の綴りをしっかり覚えることが大切になります。

　規則動詞の過去形の作り方とその発音は、次のようになります。

(1) 規則動詞の ed, d のつけ方
　① ふつうは原形に ed をつける（talked, played）
　② 語尾が e で終わる動詞は、d だけをつける（liked, lived）
　③ 語尾が〈子音字＋y〉で終わる動詞は、y を i にかえて ed にする
　　　　　　　　　　　　　　　　　　　　　（studied, tried）
　④ 語尾が〈短母音＋子音字〉なら、子音字を重ねて ed にする
　　　　　　　　　　　　　　　　　　　　　（stopped）

(2) ed の発音のしかた
　① [t, d] のあと→ [id]　wanted
　② [d] 以外の有声音のあと→ [d]　played, lived
　③ [t] 以外の無声音のあと→ [t]　talked, washed
　　　※発音のしかたは上のような規則がありますが、個々に何回か読んで慣れてしまう方が覚えやすいでしょう。

② 一般動詞の過去形（不規則動詞）

不規則動詞は1語1語形や発音が違うので、それぞれ何回も書いて覚えましょう。主な不規則動詞は次のようなものがありますので、確認してください。

[原形]	[過去形]	[原形]	[過去形]
become（～になる）	became	begin（始める）	began
break（こわす）	broke	buy（買う）	bought
come（来る）	came	cut（切る）	cut
do（～をする）	did	eat（食べる）	ate
find（見つける）	found	get（得る）	got
give（与える）	gave	go（行く）	went
have（持つ）	had	hear（聞く）	heard
know（知る）	knew	lose（失う）	lost
make（作る）	made	meet（会う）	met

1 動詞

put（置く）	put	read（読む）	read
run（走る）	ran	say（言う）	said
see（見る）	saw	sell（売る）	sold
sit（すわる）	sat	speak（話す）	spoke
stand（立つ）	stood	swim（泳ぐ）	swam
take（取る）	took	teach（教える）	taught
tell（話す）	told	write（書く）	wrote

③ 過去をあらわすことば

過去形の文といっしょに使われる単語や語句に次のようなものがあります。主に文末に置かれます。

yesterday（きのう）　　　　this morning（今朝）
last night（昨夜）　　　　　last Sunday（この前の日曜日）
last week（先週）　　　　　last month（先月）
last year（昨年）　　　　　four years ago（4年前）
three days ago（3日前）　　six hours ago（6時間前）

④ 一般動詞・過去形の否定文、疑問文

過去のときの一般動詞の否定文、疑問文は次のように、did を使って作ります。

(1) 否定文…〈主語＋ did not ＋動詞の原形～ .〉

一般動詞・過去形の否定文の作り方は、次の例文のように一般動詞の前に did not やその短縮形の didn't をおきます。そして、その後の一般動詞は常に原形でなければなりません。肯定文からの書き換えで否定文にするとき、一般動詞を過去形のままにしないよう注意してください。

She didn't play tennis.
　　（彼女は、テニスをしませんでした。）

(2)　疑問文…〈Did＋主語＋動詞の原形～？〉

　　　　　　　　　　　　　　　　→答えにも did を使う。
　一般動詞・過去形の疑問文は、次の例文のように、Did を主語の前に出して作ります。このときもやはり、一般動詞は常に原形でなければなりません。そして、答えの文にも did を使って答えます。

　　　Did she play tennis?
　　（彼女は、テニスをしましたか。）
　　　　Yes, she did.（はい、しました。）
　　　　/ No, she didn't.（いいえ、しませんでした。）

5　進行形

①　進行形の意味と形

　「今、私はテニスをしているところです。」や「彼は、本を読んでいます。」などのように、今現在、動作が行われていることを英語であらわす場合、下の例文のように、〈is, am, are＋動詞の ing 形〉にします。これで「～しているところです」「～しています」という意味になり、これを、「現在進行形」といいます。

　　　Tom is playing tennis.
　　（トムはテニスをしているところです。）

　ある過去の時点で行われていた動作をあらわして「～しているところでした」「～していました」とするには、〈was, were＋動詞の ing 形〉とします。これを「過去進行形」といいます。

Tom was playing tennis.
（トムはテニスをしているところでした。）

② 進行形の否定文・疑問文

進行形も be 動詞の文ですので、今までと同じです。

(1) 否定文…〈主語＋ be 動詞＋ not ＋動詞の ing 形～？〉
be 動詞のあとに not を入れます。

I am not reading a book.
（私は本を読んでいるのではありません。）

(2) 疑問文…〈Be 動詞＋主語＋動詞の ing 形～？〉
be 動詞を主語の前に出し、〈Be 動詞＋主語＋動詞の ing 形～？〉にします。

Were you watching TV?
（あなたはテレビを見ていたのですか。）

6 be 動詞・一般動詞の否定文・疑問文

① be 動詞・一般動詞の否定文・疑問文のまとめ

ここで be 動詞と一般動詞の否定文や疑問文の作り方をまとめて理解しておきましょう。

否定文や疑問文をつくるときは、次のように考えてください。

1. 英文に、be 動詞があるかどうかを確認。

be 動詞がある場合は…
① 否定文は、その be 動詞のあとに not をおく。

② 疑問文は、主語の前に be 動詞を出す。
（例）　He is a student.
　　　　否定文　He is <u>not</u> a student.
　　　　疑問文　<u>Is</u> he a student?
　　　　She was a teacher.
　　　　否定文　She was <u>not</u> a teacher.
　　　　疑問文　<u>Was</u> she a teacher?

2. 英文に、be 動詞がなく、一般動詞がある場合。

(1) 現在形で動詞に 3 人称単数現在の s(es) がない場合。
① 否定文は、do not〔don't〕を動詞の前におく。
② 疑問文は、do を主語の前に出す。
（例）　They play tennis.
　　　　否定文　They <u>do not〔don't〕</u> play tennis.
　　　　疑問文　<u>Do</u> they play tennis?

(2) 現在形で動詞に 3 人称単数現在の s(es) がある場合。
① 否定文は、does not〔doesn't〕を動詞の前におき、動詞を原形にする。
② 疑問文は、does を主語の前に出し、動詞を原形にする。
（例）　He plays tennis.
　　　　否定文　He <u>does not〔doesn't〕</u> play tennis.
　　　　疑問文　<u>Does</u> he play tennis?

(3) 過去形の場合。
① 否定文は、did not〔didn't〕を動詞の前におき動詞を原形にする。
② 疑問文は、did を主語の前に出し、動詞を原形にする。
（例）　He played tennis.
　　　　否定文　He <u>did not〔didn't〕</u> play tennis.
　　　　疑問文　<u>Did</u> he play tennis?

〔否定文・疑問文の作り方〕

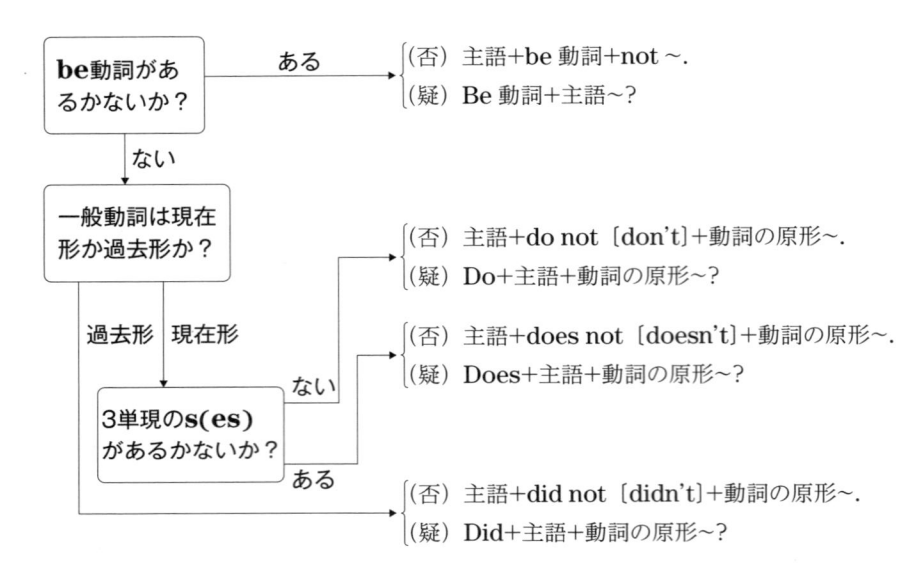

```
┌──────────┐    ある    ┌ (否) 主語＋be 動詞＋not ~.
│be動詞があ ├─────────→│
│るかないか？│           └ (疑) Be 動詞＋主語~?
└────┬─────┘
     │ない
┌────▼─────┐
│一般動詞は現在│           ┌ (否) 主語＋do not〔don't〕＋動詞の原形~.
│形か過去形か？│    ない  →│
└──┬────┬──┘           └ (疑) Do＋主語＋動詞の原形~?
過去形│ 現在形
   │   │
   │ ┌─▼────────┐  ない  ┌ (否) 主語＋does not〔doesn't〕＋動詞の原形~.
   │ │3単現のs(es)├──────→│
   │ │があるかないか？│    └ (疑) Does＋主語＋動詞の原形~?
   │ └────┬─────┘
   │      │ある
   │      │           ┌ (否) 主語＋did not〔didn't〕＋動詞の原形~.
   └──────┴──────────→│
                      └ (疑) Did＋主語＋動詞の原形~?
```

CHECK 2　助動詞

では、「助動詞」について忘れていないか、以下のチェックテストをやってみましょう。

チェックテスト

1 次の文を① can を用いた文に書き換え、②日本語になおしなさい。

She swims very fast.　①ーーーーーーーーーーーーーーーー
　　　　　　　　　　　②（　　　　　　　　　　　　　　　）

2 次の英語を①否定文と②疑問文に書き換えなさい。

You can play the piano.　①ーーーーーーーーーーーーーーー
　　　　　　　　　　　　②（　　　　　　　　　　　　　　）

3 次の英文を① be able to ～の文に書き換え、②日本語になおしなさい。

Mike writes a letter.　①ーーーーーーーーーーーーーーーー
　　　　　　　　　　　②（　　　　　　　　　　　　　　　）

4 次の英語を①否定文と②疑問文に書き換えなさい。

We are able to play tennis here.

① ーーーーーーーーーーーーーーーーーーーーーーーーーーーー
② ーーーーーーーーーーーーーーーーーーーーーーーーーーーー

5 次の英文を① could の文に書き換え、それを②日本語になおしなさい。

She swims very fast in this river.

① ーーーーーーーーーーーーーーーーーーーーーーーーーーーー
②（　　　　　　　　　　　　　　　　　　　　　　　　　　）

35

6 次の文を① was (were) able to ~ の文に書き換え、②和訳しなさい。

Tom runs very fast in this park.
① _____
② (   )

7 次の文を① will be able to ~ の文に書き換え、②和訳しなさい。

They make very useful computers.
① _____
② (   )

8 次の英文を① will の文に書き換え、②和訳しなさい。

I buy some books.　① _____
　　　　　　　　② (   )

9 次の英語を否定文に書き換えなさい。

I will go fishing today. _____

10 次の英語を疑問文に書き換えなさい。

It will be hot tomorrow. _____

11 次の文を日本語になおしなさい。

Will you wash the dishes?　(   )

12 次の英文を① be going to ~ の文に書き換え、②和訳しなさい。

She reads a science book.　① _____
　　　　　　　　　　　② (   )

13 次の英文を① must の文に書き換え、②和訳しなさい。

Lucy cleans her room.　① _____
　　　　　　　　　② (   )

14 次の文を日本語になおしなさい。

He must be a doctor. (　　　　　　　　　　　　　　　)

15 次の英文を①have to ～ の文に書き換え、②和訳しなさい。

You get up early.　①＿＿＿＿＿＿＿＿＿＿＿＿＿＿＿＿＿
　　　　　　　　　②（　　　　　　　　　　　　　　　）

16 次の文を日本語になおしなさい。

(1) He had to help his mother.
   （　　　　　　　　　　　　　　　　　　　　）
(2) She will have to practice tennis.
   （　　　　　　　　　　　　　　　　　　　　）

17 次の英文を①否定文に書き換え、それを②和訳しなさい。

Mike has to wash the car.
① ＿＿＿＿＿＿＿＿＿＿＿＿＿＿＿＿＿＿＿＿＿＿＿＿
②（　　　　　　　　　　　　　　　　　　　　　　　）

18 次の英文を①疑問文にして② yes と ③ no で答え、各々を和訳しなさい。

He has to read this book.
① ＿＿＿＿＿＿＿＿＿＿＿＿＿＿＿＿＿＿＿＿＿＿＿＿
　（　　　　　　　　　　　　　　　　　　　　　　　）
② ＿＿＿＿＿＿＿＿＿＿＿＿＿＿（　　　　　　　　　）
③ ＿＿＿＿＿＿＿＿＿＿＿＿＿＿（　　　　　　　　　）

19 次の英文を①否定文に書き換え、それを②和訳しなさい。

You must go home now.　①＿＿＿＿＿＿＿＿＿＿＿＿＿
　　　　　　　　　　　②（　　　　　　　　　　　　）

2 助動詞

20 次の英文を①疑問文にして② yes と③ no で答え、各々を和訳しなさい。

He must study English.

① _____
　（　　　　　　　　　　　　　　　　　　　　）
② _____　（　　　　　　）
③ _____　（　　　　　　）

21 次の英文を① may の文に書き換え、それを②和訳しなさい。

You play baseball there.　① _____
　　　　　　　　　　　　　② （　　　　　　　　　　　　）

22 次の日本語に合うように（　）に適する英語を入れなさい。
（英字がある場合は、その字で始まる単語で答えなさい。）

(1) 彼は、よい医者かもしれない。
　　He（　　　）（　　　　） a good doctor.

(2) ① 私は今、家に帰ってもいいですか。
　　　（ M　　）（　　　　） go home now?
　② もちろんです。（ S　　　　　）.
　③ すみませんが、できません。
　　　（　　　　）（　　　　　）, you can't.

(3) 窓を開けましょうか。
　　（ S　　　）（　　　　） open the window?

(4) 公園へ行きましょうか。
　　（ S　　　）（　　　　） go to the park?

(5) あなたはこの本を読むべきです。
　　You（ s　　　）（　　　　） this book.

(6) 私の宿題をしていただけませんか。
　　（ Wo　　　）（　　　　） do my homework?

(7) 私は絵を描きたいです。
　　I (wo　　　) (　　　　) (　　　　) paint a picture.
(8) コーヒーを1杯いかがですか。
　　(Wo　　　) (　　　　) (　　　　) a cup of coffee?

23　次の文がほぼ同じ内容になるように( )に適語を書きなさい。

(1) He can play tennis very well.
　　He (　　　　) (　　　　) (　　　　) play tennis very well.
(2) I will study English tonight.
　　I (　　　　) (　　　　) (　　　　) study English tonight.
(3) She must study math hard.
　　She (　　　　) (　　　　) study math hard.
(4) You must not go home now.
　　(　　　　) go home now.
(5) Shall we play tennis?
　　(　　　　) play tennis.
(6) Would you wash the dishes?
　　(　　　　) wash the dishes.

解答

1 ① She can swim very fast.
    ② 彼女は、とても速く泳ぐことができます。
2 ① You can not〔cannot, can't〕play the piano.
    ② Can you play the piano?
3 ① Mike is able to write a letter.
    ② マイクは、手紙を書くことができます。
4 ① We are not〔aren't〕able to play tennis here.
    ② Are we able to play tennis here?
5 ① She could swim very fast in this river.
    ② 彼女は、この川でとても速く泳げた。
6 ① Tom was able to run very fast in this park.
    ② トムはこの公園でとても速く走ることができた。
7 ① They will be able to make very useful computers.
    ② 彼らはとても役に立つコンピューターを作ることができるでしょう。

ここまで1問でも間違いがあれば、**要点の確認 1、2** でチェック。内容が理解できていないようなら、さらに **詳しい解説 1、2** へ。

8 ① I will buy some books.
    ② 私は、何冊か本を買おう。
9 I will not〔won't〕go fishing today.
10 Will it be hot tomorrow?
11 お皿を洗ってくれませんか。
12 ① She is going to read a science book.
    ② 彼女は、科学の本を読むつもりです。

ここまで1問でも間違いがあれば、**要点の確認 3** でチェック。内容が理解できていないようなら、さらに **詳しい解説 3** へ。

13 ① Lucy must clean her room.
② ルーシーは自分の部屋をそうじしなければならない。
14 彼は医者にちがいない。
15 ① You have to get up early.
② あなたは、早く起きなければならない。
16 (1) 彼は、母親を手伝わなければならなかった。
(2) 彼女は、テニスを練習しなければならないでしょう。
17 (1) Mike doesn't have to wash the car.
(2) マイクは車を洗わなくてもよい。
18 ① Does he have to read this book?
彼は、この本を読まなければなりませんか。
② Yes, he does.　　　　はい、読まなければなりません。
③ No, he doesn't.　　　いいえ、読む必要はありません。
19 ① You must not [mustn't] go home now.
② あなたは今、家に帰ってはいけない。
20 ① Must he study English?
彼は、英語を勉強しなければならないですか。
② Yes, he must.　　　　はい、勉強しなければいけません。
③ No, he doesn't have to.　いいえ、勉強する必要はありません。

ここまで1問でも間違いがあれば、**要点の確認 4** でチェック。内容が理解できていないようなら、さらに**詳しい解説 4**へ。

---

21 ① You may play baseball there.
② あなた[あなたたち]は、そこで野球をしてもよい。
22 (1) may be　　(2) ① May I　② Sure　③ I'm sorry
(3) Shall I　　(4) Shall we　　(5) should read
(6) Would you　(7) would like to　(8) Would you like

⊜ここまで1問でも間違いがあれば、**要点の確認 5、6**でチェック。内容が理解できていないようなら、さらに**詳しい解説 5、6**へ。

23 (1) is able to　　(2) am going to　　(3) has to
　　(4) Don't　　　　(5) Let's　　　　　(6) Please

⊜ここまで1問でも間違いがあれば、**要点の確認 7**でチェック。内容が理解できていないようなら、さらに**詳しい解説 7**へ。

[CHECK 2　助動詞]

以下のそれぞれの要点を見て内容が思い出せればOK。わからなかったり、あやふやだったりしたら、〔詳しい解説〕の該当箇所を読みましょう。

▶▶▶ 要点の確認

1　助動詞の基本

- □ 肯定文…〈主語＋助動詞＋動詞の原形～．〉
- □ 否定文…〈主語＋助動詞＋not＋動詞の原形～．〉
- □ 疑問文…〈助動詞＋主語＋動詞の原形～？〉

2　can

- □ 〈can＋動詞の原形〉「～できる」
- □ 否定文…〈can＋not＋動詞の原形〉
- □ 疑問文…〈Can＋主語＋動詞の原形～？〉
- □ 〈can＋動詞の原形〉⇔〈be able to＋動詞の原形〉
- □ canの過去形could⇔〈was〔were〕able to～〉
- □ 〈will be able to＋動詞の原形～〉「～できるでしょう」

3　will

- □ 〈will＋動詞の原形〉
  「～でしょう」「～するつもりです」「(よし)～しよう」
- □ 否定文…〈will＋not＋動詞の原形〉
- □ 疑問文…〈Will＋主語＋動詞の原形～？〉
- □ 〈Will you～？〉「～してくれませんか」「～しませんか」
- □ 〈will＋動詞の原形〉⇔〈be going to＋動詞の原形〉

4　must

- □ 〈must＋動詞の原形〉「～しなければならない」「～にちがいない」
- □ 〈have to＋動詞の原形〉「～しなければならない」
- □ 〈must＋動詞の原形〉⇔〈have to＋動詞の原形〉

- ☐ 〈had to ~〉「~しなければならなかった」
- ☐ 〈will have to ~〉「~しなければならないでしょう」
- ☐ 〈have to ~〉の否定文…〈don't〔doesn't〕have to ＋動詞の原形〉
  「~しなくてもよい」「~する必要はない」
- ☐ 〈have to ~〉の疑問文…〈Do〔Does〕＋主語＋ have to ~?〉
- ☐ must の否定文…〈must not〔mustn't〕＋動詞の原形〉
  「~してはいけない」
- ☐ must の疑問文…〈Must ＋主語＋動詞の原形~?〉
  Yes, ~ must.
  No, ~ don't〔doesn't〕have to.

5　may

- ☐ 〈may ＋動詞の原形〉「~してもよい」「~かもしれない」
- ☐ 〈May I ~?〉「~してもいいですか」

6　shall, should, would

- ☐ 〈Shall I ~?〉「（私が）~しましょうか」
- ☐ 〈Shall we ~?〉「~しましょうか」
- ☐ 〈should ＋動詞の原形〉「~すべきである」
- ☐ 〈Would you ~?〉「~してくださいませんか」
  「~していただけませんか」

7　助動詞の書き換えのまとめ

- ☐ can ⇔ be able to
- ☐ will ⇔ be going to
- ☐ must ⇔ have〔has〕to
- ☐ You must not〔mustn't〕~ . ⇔ Don't ~ .
- ☐ Shall we ~? ⇔ Let's ~ .
- ☐ Would〔Will〕you ~? ⇔ Please ~ .

[CHECK 2　助動詞]

詳しい解説

1　助動詞の基本

①　助動詞

　動詞の前に置いて意味をつけ加えるはたらきをする語を「助動詞」といいます。これには、**will, can, must, may, shall** などがあります。助動詞を使った文の語順は次のようになります。

(1)　肯定文…〈主語＋助動詞＋動詞の原形～ .〉

　　助動詞のあとの動詞はつねに原形にして、〈主語＋助動詞＋動詞の原形～ .〉の語順になります。

(2)　否定文…〈主語＋助動詞＋ **not** ＋動詞の原形～ .〉

　　否定文は、助動詞のあとに **not** をつけて〈主語＋助動詞＋ **not** ＋動詞の原形～ .〉にします。

(3)　疑問文…〈助動詞＋主語＋動詞の原形～ ?〉

　　疑問文は、助動詞を主語の前に出して、〈助動詞＋主語＋動詞の原形～ ?〉にします。

2　can

①　can

　助動詞の can は、〈can ＋動詞の原形〉で「～できる」の意味を表します。

　　He can play the piano.
　　（彼は、ピアノを弾くことができます。）

canは助動詞ですので、主語が3人称単数現在であっても、cansなどにはせずに、canのまま使うことに注意してください。助動詞には、3人称単数現在形はありません。

　また、canは「～できる」の意味から広がって、「～してもよい」（＝may）と訳す場合もありますので、これも覚えておきましょう。

　　You can use this pen.
　　（あなたは、このペンを使ってもよい。）

② canの否定文・疑問文

　否定文や疑問文の作り方は、次のようになります。

(1)　否定文…〈can＋not＋動詞の原形〉
　　canのあとにnotを入れます。can notの短縮形は、can'tになります。cannotの形もあります。
　　　He can not〔can't / cannot〕play the piano.
　　　（彼は、ピアノを弾くことができません。）

(2)　疑問文…〈Can＋主語＋動詞の原形～？〉
　　canを主語の前に出します。答えにもcanを使います。
　　　Can he play the piano？
　　　（彼は、ピアノを弾くことができますか。）
　　　　→ Yes, he can.（はい、できます。）
　　　　　／No, he can not〔can't / cannot〕.（いいえ、できません。）

　疑問文にすると、「～してくれませんか」や「～してもいいですか」という意味になる場合があります。
　　Can you wash the dishes?
　　（お皿を洗ってくれませんか。）

Can I use your pen?
(あなたのペンを使ってもいいですか。)

③ can ⇔ be able to

can「~できる」は、ほぼ同じような意味の〈be able to ＋動詞の原形〉に書き換えることができます。この be able to は助動詞ではなく、連語表現です。be 動詞は主語によって変えます。

He can play the piano.（彼は、ピアノを弾くことができます。）
⇔ He is able to play the piano.（彼は、ピアノを弾くことができます。）

この be able to の否定文・疑問文は、be 動詞の文ですから、be 動詞の文の否定文・疑問文の作り方でやったとおりです。つまり、

(1) 否定文…be 動詞のあとに not を入れて〈be not able to ~〉。
 He is not able to play the piano.
 （彼は、ピアノを弾くことができません。）

(2) 疑問文…be 動詞を主語の前に出す。
 Is he able to play the piano?
 （彼は、ピアノを弾くことができますか。）

④ can の過去形 could

can には、過去形 could があります。もちろん、この could のあとの動詞は原形にします。

She could cook very well.
（彼女は、とても上手に料理ができた。）

また、これは、〈was［were］able to ~〉と書き換えることができます。

ただし、この場合、could は、過去において「〜する能力があった（やろうとすればできた）」だけで実際したかどうかは不明ですが、〈was [were] able to 〜〉は、「〜する能力があり、実際にした」という意味になりますので、厳密にはその前後の文脈によっては書き換えられない場合があることに注意してください。

  He <u>could</u> play the piano.（彼は、ピアノを弾くことができた。）
〔実際に弾いたかは不明〕
⇔He <u>was able to</u> play the piano.（彼は、ピアノを弾くことができた。）
〔実際に弾いた〕

⑤　will be able to

「〜できるでしょう」と未来のことを表すときは、このあとに出てくる助動詞 will を使って、〈will be able to 〜〉とします。will は、やはり助動詞ですので、〈will ＋動詞の原形〉で使います。「〜でしょう、〜するつもりです、（よし）〜しよう」などの意味を表します。will can と助動詞を続けて2つは並べられないので、can のかわりに be able to を使って、こういう表現になります。

  He <u>will be able to</u> play the piano.
  （彼は、ピアノを弾くことができるでしょう。）

will の後は動詞の原形になりますので、〈will be able to 〜〉の be は、このままの形で使うことになります。is, am, are などに変えてはいけません。

3　will

①　will

　未来を表す助動詞 will は、これも助動詞ですので、〈will ＋動詞の原形〉で使います。その場でやろうと決めたことや、未来の出来事や状況を予測するときなどに使って、「～でしょう、～するつもりです、(よし)～しよう」などの意味を表します。

　　I will play tennis tomorrow.
　　（私は明日、テニスをしよう。）

　主語が 3 人称単数現在であっても、wills などにはせずに、will のまま使います。助動詞には、3 人称単数現在形はないことに注意してください。

②　will の否定文・疑問文

　will の否定文・疑問文の作り方は、助動詞ですので、以下のとおりになります。

(1)　否定文…〈will ＋ not ＋動詞の原形〉
　　will のあとに not を入れます。will not の短縮形は won't になります。
　　He will not play tennis tomorrow.
　　（彼は明日、テニスをしないでしょう。）
　　She won't eat dinner.
　　（彼女は夕食を食べないでしょう。）

(2)　疑問文…〈Will ＋主語＋動詞の原形～ ?〉
　　Will を主語の前に出します。答えにも will を使います。

Will he come here?
(彼は、ここへ来るでしょうか。)
→ Yes, he will. (はい、来るでしょう。)
/ No, he will not [won't]. (いいえ、来ないでしょう。)

③ 依頼・勧誘を表す Will you ～ ?

〈Will you ～ ?〉は、「～してくれませんか」と相手に依頼したり、「～しませんか」と相手を勧誘するときに使ったりしますので、この訳し方を覚えておきましょう。

Will you buy me a bag?
(私に、かばんを買ってくれませんか。)
→ All right. (わかりました。)
/ I'm sorry, I can't. (すみませんが、できません。)
Will you have some tea? (お茶を飲みませんか。)
→ Yes, please. (はい、どうぞお願いします。)
/ No, thank you. (いいえ、けっこうです、ありがとう。)

④ will ⇔ be going to

〈be going to ＋動詞の原形〉は、以前からしようと決めていたことについて「～するつもりだ、～することになっている」や、今の状況から未来に起こることがほぼわかっているときに「～だろう、～でしょう」などと述べる表現です。be 動詞は主語によって変えることになります。

I am going to play tennis. (私はテニスをするつもりです。)
He is going to play tennis. (彼はテニスをするつもりです。)
We are going to play tennis. (私たちはテニスをするつもりです。)

to のあとの動詞はつねに原形にすることに注意しましょう。

He is going to <u>watch</u> TV.（彼はテレビを見るつもりです。）

　will とこの〈be going to ～〉は先に述べたように意味に少し違いがあるのですが、中学校の問題などでは、「ほぼ同じになるように書き換えなさい」と問題で出てきます。ですので、一応、下の例文で書き換えのパターンを覚えておきましょう。

　　I <u>will</u> play tennis.（私はテニスをしよう。）
　⇔ I <u>am going to</u> play tennis.（私はテニスをするつもりです。）

〈be going to ～〉の否定文・疑問文は次のようになります。

(1) 否定文…〈be ＋ not ＋ going to ＋動詞の原形〉
　　否定文にするには、次の例文のように be 動詞のあとに not を入れます。
　　　Bob is <u>not</u> going to write a letter.
　　（ボブは、手紙を書くつもりではありません。）

(2) 疑問文…〈Be ＋主語＋ going to ＋動詞の原形～ ?〉
　　疑問文にするには、be 動詞を主語の前に出します。答えにも be 動詞を使って答えます。
　　　<u>Are</u> you going to watch TV?
　　（あなたはテレビを見るつもりですか。）
　　　→ Yes, I <u>am</u>.（はい、見るつもりです。）
　　　／No, I <u>am not</u>.（いいえ、見るつもりではありません。）

　ここで一度、助動詞を含めた否定文・疑問文の作り方を次の図で確認してください。助動詞があるかないかをチェックするのが、まず第一になります。

〔否定文・疑問文の作り方〕

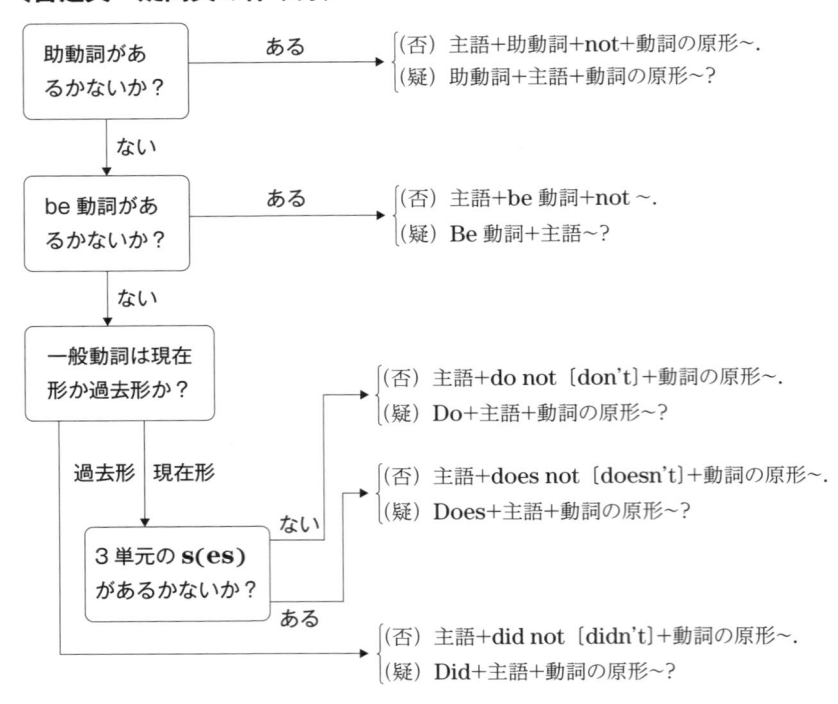

```
助動詞があ      ある      (否) 主語＋助動詞＋not＋動詞の原形～.
るかないか？   ─────→    (疑) 助動詞＋主語＋動詞の原形～？
     │
     │ない
     ↓
be 動詞があ     ある      (否) 主語＋be 動詞＋not ～.
るかないか？   ─────→    (疑) Be 動詞＋主語～？
     │
     │ない
     ↓
一般動詞は現在             (否) 主語＋do not〔don't〕＋動詞の原形～.
形か過去形か？  ─────→    (疑) Do＋主語＋動詞の原形～？
     │                    ない
過去形│現在形
     │  │               (否) 主語＋does not〔doesn't〕＋動詞の原形～.
     │  ↓   ─────→      (疑) Does＋主語＋動詞の原形～？
     │ 3 単元の s(es)    ない
     │ があるかないか？
     │                  ある
     │                   (否) 主語＋did not〔didn't〕＋動詞の原形～.
     └──────────→       (疑) Did＋主語＋動詞の原形～？
```

4　must

①　must

　must は助動詞ですので、やはり、〈must ＋動詞の原形〉の形で使います。意味は、「～しなければならない」と「～にちがいない」の２つがあります。どちらの意味になるかは、その文や前後の文脈から判断しなければなりません。

　He must study English.
　（彼は、英語を勉強しなければならない。）

We must clean the room.
（私たちは、部屋をそうじしなければならない。）
She must be a doctor.
（彼女は、医者にちがいない。）

② have〔has〕to

　〈have to ＋動詞の原形〉は、「～しなければならない」という意味の表現です。この have は一般動詞ですので、主語が3人称単数なら、〈has to ～〉になります。to のあとの動詞はつねに原形にすることに注意しましょう。

You have to go home now.
（あなたは、今、家に帰らなければならない。）
He has to go home now.
（彼は、今、家に帰らなければならない。）

　must は、この〈have to ～〉に書き換えることができます。厳密には、must は「（話し手が個人的に）～しなければならないと感じている」ことを意味し、〈have to ～〉は、「（客観的事実から）～しなければならない」ということを意味しますので、英文によっては微妙な違いが出てくる場合がありますが、中学校の書き換え問題ではよく出てきますので、覚えておきましょう。

He must study English.（彼は英語を勉強しなければならない。）
⇔ He has to study English.（彼は英語を勉強しなければならない。）

　また、must には過去形がありませんので、「～しなければならなかった」と言いたいときは、〈have to ～〉の have を過去形にして〈had to ～〉で表します。

He had to study English.
　（彼は英語を勉強しなければならなかった。）

　さらに、「〜しなければならないでしょう」と未来のことを言いたいときは、will must と助動詞2つを並べることができないので、やはり、〈have to 〜〉を must の代わりに使って、〈will have to 〜〉とします。

　　He will have to study English.
　（彼は英語を勉強しなければならないでしょう。）

　〈have to 〜〉の否定文や疑問文の作り方は、一般動詞のときの作り方と同じです。

(1)　否定文…〈don't［doesn't］have to ＋動詞の原形〉
　　〈have to 〜〉は一般動詞なので、don't, doesn't を使って否定文を作ります。ただし、「〜しなくてもよい、〜する必要はない」という意味になります。

　　He doesn't have to study English.
　（彼は英語を勉強しなくてもよい。）

(2)　疑問文…〈Do［Does］＋主語＋ have to 〜 ?〉
　　〈have to 〜〉は一般動詞なので、do, does を使って疑問文を作ります。

　　Do I have to go home now?
　（私は今、家に帰らなければなりませんか。）
　　　→ Yes, you do.（はい、帰らなければなりません。）
　　　／ No, you don't.（いいえ、帰る必要はありません。）

③ must の否定文・疑問文とその答え方

must の否定文・疑問文とその答え方については次の点に注意してください。

(1) 否定文…〈must not〔mustn't〕＋動詞の原形〉
助動詞なので、否定文にするには must のあとに not を入れます。ただし、「〜してはいけない」という意味になります。must not の短縮形は mustn't になります。

  He must not study English.
  （彼は英語を勉強してはいけない。）
  We must not clean the room.
  （私たちは、部屋をそうじしてはいけない。）

ここで注意しなければならないのは、must と〈have to 〜〉は肯定文ではどちらも「〜しなければならない」という意味で書き換えがほぼできるのに、否定文にすると、

must not 〜 「〜してはいけない」
don't〔doesn't〕have to 〜 「〜する必要はない」「〜しなくてよい」

となり、意味が異なってしまうということです。これは、次の疑問文に対する答え方で大切なポイントになってきます。

(2) 疑問文…〈Must ＋主語＋動詞の原形〜？〉
助動詞なので、疑問文にするには must を主語の前に出します。

  Must I go home now?
  （私は今、家に帰らなければなりませんか。）
  → Yes, you must.（はい、帰らなければなりません。）
  ／ No, you don't have to.（いいえ、帰る必要はありません。）

このとき気をつけなければならなのは、must の疑問文に「いいえ、その必要はありません」と答えるときは、〈must not ~〉ではなく、〈don't〔doesn't〕have to ~〉を使うことです。通常、「~しなければなりませんか」とたずねられたら、ふつうは「いいえ、~する必要はありませんよ」または「~しなくてもいいですよ」と答えるはずです。〈must not ~〉を使って「~してはいけません」と強い禁止の意味で答えるのは、よっぽど特殊な事情がある場合に限られます。ですから、No で答えるときは、〈don't〔doesn't〕have to ~〉を使うようにしましょう。

5　may

①　may

　助動詞 may にも、「~してもよい」（= can）と「~かもしれない」の2つの意味があります。どちらになるかは、その文全体の意味や前後の文から判断することになります。助動詞なので、やはりその後は動詞の原形でなければなりません。

　　You may use this pen.（あなたはこのペンを使ってもよい。）
　　He may be a doctor.　（彼は、医者かもしれない。）

②　may の疑問文

　may の疑問文は、これも助動詞なので、may を主語の前に出して疑問文になります。

　　May I play the piano now?（今、ピアノを弾いてもいいですか。）

　この May I ~ ? に対して、Yes, you may. / No, you may not. で、目下の人や子供以外に答えると失礼になります。こちらが上の立場で許可を与えるような感じになるからです。ですから、目上の人や友だちには

Sure.（もちろん。）/ Yes, of course.（はい、もちろんです。）などで答えましょう。

 <u>May</u> I open the window?（窓を開けてもいいですか。）
  → Sure.（もちろん。）/ Yes, of course.（はい、もちろん。）
   / I'm sorry, you can't.（すみませんが、できません。）

6 shall, should, would

① shall

 助動詞 shall については、中学レベルにおいては次の2つの表現を覚えておけばまず大丈夫でしょう。助動詞なのでその後は、やはり動詞の原形になります。

(1) Shall I ～ ?
 「(私が) ～しましょうか」と相手の意向をたずねる言い方です。答え方は、Yes, please（do）. / No, thank you. などになります。

 <u>Shall</u> I wash the dishes?（お皿を洗いましょうか。）
  → Yes, please（do）.（はい、どうぞお願いします。）
   / No, thank you.（いいえ、けっこうです、ありがとう。）

(2) Shall we ～ ?
 「～しましょう」と相手を誘う言い方です。〈Let's ～ .〉と書き換えられます。答え方は、Yes, let's. / No, let's not. で答えることになります。

Shall we play tennis?　(= Let's play tennis.)
　　（テニスをしましょうか。）
　　　　→ Yes, let's.（はい、しましょう。）
　　　　　/ No, let's not.（いいえ、やめときましょう。）

② should

　shouldは、shallの過去形になるのですが、中学レベルでは、「～すべきである」の意味で覚えておけばまず大丈夫です。助動詞なのでその後は、これもやはり動詞の原形です。

　　You should read this book.（あなたは、この本を読むべきです。）

③ would

　wouldは、willの過去形ですが、過去の意味とは限りません。現在の控えめな気持ち、ていねいな気持ちを表す表現が中学内容ではほとんどです。主に、次のような表現を覚えていれば大丈夫でしょう。

(1) Would you ～ ?
　「～してくださいませんか」「～していただけませんか」の意味になります。〈Will you ～ ?〉よりていねいな言い方です。
　　Would you open the door?
　　（ドアを開けていただけませんか。）

(2) would like to ～
　「～したいのですが」の意味になります。〈want to ～〉よりていねいな言い方です。短縮形に、〈I would like to ～〉を〈I'd like to ～〉としたものがありますので、覚えておきましょう。
　　I would like to go to Tokyo.
　　（私は東京に行きたいのですが。）

(3) Would you like ～ ?

「～はいかがですか」の意味になります。食べ物などをすすめる言い方です。

Would you like some cake?（ケーキはいかがですか。）

7 助動詞書き換えのまとめ

それでは、ここで助動詞に関する書き換えのパターンをまとめておきます。それぞれの助動詞とその書き換えの表現などは、厳密には少し意味の違いがありますが、中学校レベルの問題にはよく出てきますので、次のようなものを覚えておきましょう。

(1) can ⇔ be able to

You can speak Japanese.
（あなたは、日本語を話すことができる。）
⇔ You are able to speak Japanese.

(2) will ⇔ be going to

She will go to Hokkaido.
（彼女は、北海道に行くつもりです。）
⇔ She is going to go to Hokkaido.

(3) must ⇔ have [has] to

He must study English.
（彼は、英語を勉強しなければならない。）
⇔ He has to study English.

(4) You must not〔mustn't〕～ . ⇔ Don't ～ .

　〈must not ～〉（～してはいけない）は、〈Don't ＋動詞の原形〉（～するな）の命令文に書き換えられます。

　　　<u>You must not</u> drive the car.
　　　（あなたは、その車を運転してはいけない。）
　　⇔ <u>Don't</u> drive the car.（その車を運転するな。）

(5) Shall we ～ ? ⇔ Let's ～ .

　〈Shall we ～ ?〉（～しましょうか）は、〈Let's ＋動詞の原形〉（～しましょう）で書き換えることができます。

　　　<u>Shall we</u> play baseball?（野球をしましょうか。）
　　⇔ <u>Let's</u> play baseball.（野球をしましょう。）

(6) Would〔Will〕you ～ ? ⇔ Please ～ .

　〈Would〔Will〕you ～ ?〉（～してくれませんか）は、〈Please ＋動詞の原形〉（どうぞ～してください）の表現で書き換えられます。

　　　<u>Would you</u> open the window?
　　　（窓を開けていただけませんか。）
　　⇔ <u>Please</u> open the window.
　　　（どうぞ窓を開けてください。）

CHECK 3　比　較

では、「比較」について抜けているところはないか、以下のチェックテストで確認してみましょう。

チェックテスト

1 次の単語の意味を( )に、比較級、最上級を＿＿に書きなさい。

(1) young　(　　　)　＿＿＿＿＿　＿＿＿＿＿
(2) big　　(　　　)　＿＿＿＿＿　＿＿＿＿＿
(3) many　 (　　　)　＿＿＿＿＿　＿＿＿＿＿
(4) large　(　　　)　＿＿＿＿＿　＿＿＿＿＿
(5) good　 (　　　)　＿＿＿＿＿　＿＿＿＿＿
(6) busy　 (　　　)　＿＿＿＿＿　＿＿＿＿＿

2 ( )の語を加えて①as…as ～ の文に書き換え、②日本語にしなさい。

(1) She is young.（my daughter）
　①　＿＿＿＿＿＿＿＿＿＿＿＿＿＿＿＿＿＿＿＿＿＿＿＿＿
　②（　　　　　　　　　　　　　　　　　　　　　　　）

(2) She swims fast.（Mike）
　①　＿＿＿＿＿＿＿＿＿＿＿＿＿＿＿＿＿＿＿＿＿＿＿＿＿
　②（　　　　　　　　　　　　　　　　　　　　　　　）

3 ( )の語を加えて① not as…as ～ の文にし、②日本語にしなさい。

My wife gets up early.（I）
　①　＿＿＿＿＿＿＿＿＿＿＿＿＿＿＿＿＿＿＿＿＿＿＿＿＿
　②（　　　　　　　　　　　　　　　　　　　　　　　）

4 次の日本語に合うように（　）に適する英語を入れなさい。

(1) 彼の家は、私の家の４倍の大きさでした。
His house was (　　) (　　) (　　) large (　　) my house.

(2) トムは、できるだけ上手にテニスをしました。
Tom played tennis (　　) (　　) (　　) he (　　).

(3) マイクは、できるだけゆっくりと英語を話しました。
Mike spoke English (　　) slowly (　　) (　　).

5 （　）の語を加えて①比較級の文に書き換え、②日本語にしなさい。

(1) This tea is hot.（that one）
①
② (　　　　　　　　　　　　　　　　　　　　　)

(2) My mother gets up early.（my father）
①
② (　　　　　　　　　　　　　　　　　　　　　)

6 （　）の語を加えて①最上級の文に書き換え、②日本語にしなさい。

(1) This car is big.（of all）
①
② (　　　　　　　　　　　　　　　　　　　　　)

(2) Tomoko sings well.（in her class）
①
② (　　　　　　　　　　　　　　　　　　　　　)

7 次の単語の意味を（　）に、比較級、最上級を_____に書きなさい。

(1) difficult (　　　　)
(2) famous (　　　　)
(3) useful (　　　　)
(4) slowly (　　　　)

8 （　）の語を加えて①比較級の文に書き換え、②日本語にしなさい。

(1) This flower is beautiful.（that one）
　①　_____
　②（　　　　　　　　　　　　　　　　　　　　　　　）

(2) My aunt speaks slowly.（my uncle）
　①　_____
　②（　　　　　　　　　　　　　　　　　　　　　　　）

9 （　）の語を加えて①最上級の文に書き換え、②日本語にしなさい。

(1) Water is important.（of the four）
　①　_____
　②（　　　　　　　　　　　　　　　　　　　　　　　）

(2) Tom ate dinner quickly.（in his family）
　①　_____
　②（　　　　　　　　　　　　　　　　　　　　　　　）

10 （　）の語を加えて①比較級の文に書き換え、②日本語にしなさい。

(1) Mike likes math.（than baseball）
　①　_____
　②（　　　　　　　　　　　　　　　　　　　　　　　）

11 （　）の語を加えて①最上級の文に書き換え、②日本語にしなさい。

(1) I like this book.（of all）
　①　_____
　②（　　　　　　　　　　　　　　　　　　　　　　　）

12 次の日本語に合うように（　）に適する英語を入れなさい。

(1) このネコとあのネコでは、どちらが年寄りですか。
　　（　　　）is（　　　）, this cat（　　　）that cat?
　　あのネコです。　This cat（　　　）.

3

比較

(2) あなたの母とあなたの姉(妹)では、どちらが上手に料理しますか。
Who (　　) (　　　), your mother (　　) your sister?
母です。　My mother (　　　).

(3) この車とあの車では、どちらがあなたは好きですか。
(　　) do you like (　　　), this car (　　) that one?
この車の方が好きです。　I like this car (　　　).

13　次の日本語に合うように(　)に適する英語を入れなさい。
(英字がある場合は、その字で始まる単語で答えなさい。)

(1) すべての中で、どれが一番大きなカバンですか。
(　　　) is (　　) (b　　　) bag (　　) (　　　)?
あのカバンです。　That bag (　　　).

(2) あなたのクラスの中で、誰が一番上手にテニスをしますか。
(　　) (　　　) tennis (　　) (　　) (　　　) your class?
友子です。　Tomoko (　　　).

(3) どの色が、あなたは一番好きですか。
(　　　) (　　　) do you like (　　　) (　　)?
私は、赤が一番好きです。　I like red (　　　) (　　).

14　次の日本語に合うように(　)に適する英語を入れなさい。

(1) この家は、この町の他のどんな家よりも大きいです。
This house is bigger (　　) (　　) (　　) (　　　) in this town.

(2) だんだん暖かくなってきています。
It is getting (　　　) (　　) (　　　).

(3) これは、この国で最もかわいい動物のうちの1つです。
This is (　　) (　) (　　) prettiest (　　　) in this country.

15 ほぼ同じ意味になるように( )に適する英語を書きなさい。

(1) Your bag is bigger than my bag.
= My bag is (　　　) (　　　) your bag.
= My bag isn't (　　　) (　　　) (　　　) your bag.
= Your bag isn't (　　　) (　　　) (　　　) my bag.

(2) This car is better than any other car in this shop.
= This car is (　　　) (　　　) in this shop.

解答

1 (1) 若い　younger　youngest　(2) 大きい　bigger　biggest
　(3) たくさんの　more　most　(4) 大きい　larger　largest
　(5) 良い　better　best　(6) いそがしい　busier　busiest

2 (1) ① She is as young as my daughter.
　　　② 彼女は、私の娘と同じくらい若いです。
　(2) ① She swims as fast as Mike.
　　　② 彼女は、マイクと同じくらい速く泳ぎます。

3 ① My wife does not [doesn't] get up as early as I.
　② 私の妻は、私ほど早く起きない。

4 (1) four times as　as
　(2) as well as　could
　(3) as　as possible

⇒ここまで1問でも間違いがあれば、**要点の確認 1**でチェック。内容が理解できていないようなら、さらに**詳しい解説 1**へ。

5 (1) ① This tea is hotter than that one.
　　　② このお茶は、あのお茶より熱い。
　(2) ① My mother gets up earlier than my father.
　　　② 私の母は、私の父より早く起きます。

6 (1) ① This car is the biggest of all.
　　　② この車は、すべての中で一番大きい。
　(2) ① Tomoko sings (the) best in her class.
　　　② 友子は、クラスの中で一番上手に歌う。

⇒ここまで1問でも間違いがあれば、**要点の確認 2**でチェック。内容が理解できていないようなら、さらに**詳しい解説 2**へ。

7 (1) 難しい　　more difficult　　most difficult

	(2)	有名な	more famous	most famous
	(3)	役に立つ	more useful	most useful
	(4)	ゆっくりと	more slowly	most slowly

8 (1) ① This flower is more beautiful than that one.
　　　② この花は、あの花よりも美しい。
　(2) ① My aunt speaks more slowly than my uncle.
　　　② 私のおばは、私のおじよりもゆっくり話します。

9 (1) ① Water is the most important of the four.
　　　② 水は、その4つの中で一番大切です。
　(2) ① Tom ate dinner (the) most quickly in his family.
　　　② トムは、彼の家族の中で一番素早く夕食を食べました。

📖ここまで1問でも間違いがあれば、要点の確認 3 でチェック。内容が理解できていないようなら、さらに詳しい解説 3 へ。

---

10 (1) ① Mike likes math better than baseball.
　　　② マイクは、野球よりも数学の方が好きです。
11 (1) ① I like this book (the) best of all.
　　　② 私は、すべての中で一番この本が好きです。

📖ここまで1問でも間違いがあれば、要点の確認 4 でチェック。内容が理解できていないようなら、さらに詳しい解説 4 へ。

---

12 (1) Which　older　or
　　　is
　(2) cooks better　or
　　　does
　(3) Which　better　or
　　　better

3

比較

13 (1) Which　the biggest　of all
　　　　is
　　(2) Who plays　the best in
　　　　does.
　　(3) What color　the best
　　　　the best
14 (1) than any other house
　　(2) warmer and warmer
　　(3) one of the　animals
15 (1) smaller than
　　　　as big as
　　　　as small as
　　(2) the best

🖹ここまで1問でも間違いがあれば、要点の確認 5 でチェック。内容が理解できていないようなら、さらに詳しい解説 5 へ。

[CHECK 3 　比較]

> ▶▶▶ **要点の確認**
> 以下のそれぞれの要点を見て内容が思い出せればOK。わからなかったり、あやふやだったりしたら、〔詳しい解説〕の該当箇所を読みましょう。

3 比較

1　原級、as ～ as …

- ☐ 「原級」「比較級」「最上級」
- ☐ 〈as +原級+ as ～〉「～と同じくらい…」
- ☐ 〈not as +原級+ as ～〉「～ほど…ではない」
- ☐ 〈− times as ～ as …〉「…の−倍～」
- ☐ 〈as ～ as − can〉「(−が) できるだけ～」＝〈as ～ as possible〉

2　比較級・最上級

- ☐ 〈比較級+ than ～〉「～よりも…」
- ☐ 〈much +比較級+ than ～〉「～よりずっと…」
- ☐ 〈the +最上級+ of〔in〕～〉「～の中でいちばん〔最も〕…」
- ☐ in と of の使い分け　　〈in +場所や範囲を表す語句〉
　　　　　　　　　　　　〈of + all や数など複数を表す語句〉

3　more、most を用いた比較

- ☐ more、most をつけて比較級、最上級を作る語
  difficult　　　useful　　　beautiful　　　famous
  interesting　　exciting　　important　　slowly
  popular　　　quickly

4　like ～ better〔(the) best〕

- ☐ 〈like ～ better than …〉「…より～の方が好きだ」
- ☐ 〈like ～ (the) best of〔in〕…〉「…の中で～がいちばん好きだ」

5　いろいろな表現

- □ 〈Which〔Who〕～＋比較級, A or B ?〉
  「AとBではどちらの方が～か」
- □ 〈Which〔What, Who〕… the ＋最上級＋ in〔of〕… ?〉
  「…の中で一番〔最も〕～なのはどれ〔何、だれ〕ですか」
- □ 〈比較級＋ than any other ＋単数名詞〉「ほかのどの～より…」
- □ 〈比較級＋ and ＋比較級〉「だんだん～」「ますます～」
- □ 〈one of the ＋最上級＋複数名詞〉「いちばん～な…の1つ」
- □ 比較を用いた書き換え
  - ①〔形容詞を反対語にするパターン〕
  - ②〔not as ～ as …を使うパターン〕
  - ③〔not as ～ as …と反対語を使うパターン〕
  - ④〔比較級＋ than any other と最上級の文のパターン〕

[CHECK 3　比較]

詳しい解説

1　原級、as ～ as…

① 比較の文

　big（大きい）や small（小さい）、long（長い）や short（短い）など、人やものの様子・状態を述べることばを「形容詞」といいます。また、well（上手に）や early（早く）など動作・状態の様子を述べることばを「副詞」といいます。

　これらは単にそのことばを使って「～は…だ」「～は…に～する」と述べるほかに、他の人やものと比べて「A は B よりも～だ」「A は B よりも～に…する」と言ったり、ある範囲や集団の中で比べて「A は～の中で一番…だ」「A は～の中で一番…に～する」と述べたりすることもできます。

　こうした言い方のとき、形容詞や副詞は他の人やものと比べて述べる場合「比較級」に、ある範囲や集団の中で比べて述べる場合「最上級」という形に変化します。また、この変化した形を使って述べる文全体を、「比較の文」といいます。なお、形容詞や副詞を変化させない、もとの形を「原級」といいます。

　その「比較級」や「最上級」の作り方は、次のようになります。

[比較級・最上級の作り方]
　① ふつうは、原級＋ -er, -est　　（例）old → older, oldest
　② 語尾が e → 原級＋ -r, -st　　（例）large → larger, largest
　③ 語尾が〈子音字＋ y〉→ y を i にかえて -er, -est
　　　　　　　　　　　　　（例）early → earlier, earliest

④ 語尾が〈短母音＋子音字〉→ 子音字を重ねて -er, -est
　　　（例）big → bigger, biggest　　　hot → hotter, hottest
⑤ 不規則変化するもの　（例）good, well → better, best
　　　　　　　　　　　　　　　many, much → more, most
⑥ more ＋原級、most ＋原級で変化するもの
　　　（例）beautiful → more beautiful, most beautiful

② 原級（形容詞、副詞のもとの形）の用法

　形容詞は、人やものなどの様子や状態を表し、副詞は、人などの動作の様子や状態を表すことばですが、それだけでは、やや説明が物足りない場合があります。たとえば、

　① He is tall.（彼は背が高い。）

という文ですが、これで、背が高いことはわかりますが、どのくらい背が高いのかはもう一つわかりません。ですので、もう少しくわしく背の高さを述べるときに、何か比べるものなどを持ってきて、より具体的に〈as ＋原級＋ as ～〉「～と同じくらい…」という表現を使って、

　② He is as tall as Tom.（彼は、トムと同じくらい背が高い。）

などとします。こうすると、①の例文より、背の高さがわかりやすくなったということになります。

　この②の例文は、原級を使った大事な基本の表現です。まとめると次のようになります。特に、(2)の否定文になったときの訳し方に注意してください。

(1) 〈as ＋原級＋ as ～〉「～と同じくらい…」
　　　He is as tall as Tom.
　　　（彼は、トムと同じくらい背が高い。）

He runs as fast as Tom.
(彼は、トムと同じくらい速く走ります。)

(2) 〈not as ＋原級＋ as ～〉「～ほど…ではない」
He is not as tall as Tom.
(彼は、トムほど背が高くありません。)
He doesn't run as fast as Tom.
(彼は、トムほど速く走りません。)

③ as ～ as を使った表現

〈as ～ as〉を使った表現で覚えておかなければいけない重要表現に、次のようなものがあります。

(1) 〈－ times as ～ as …〉「…の－倍～」
This pencil is three times as long as that one.
(この鉛筆は、あの鉛筆の3倍長い。)
　※「2倍～」は、〈twice as ～ as …〉になります。

(2) 〈as ～ as － can〉「(－が)できるだけ～」＝〈as ～ as possible〉
She gets up as early as she can every day.
(彼女は毎日、できるだけ早く起きます。)

　過去の文では、can は could になります。
She got up as early as she could yesterday.
(彼女は昨日、できるだけ早く起きた。)

　なお、〈as ～ as possible〉でも「できるだけ～」の意味になります。
She got up as early as possible yesterday.
(彼女は昨日、できるだけ早く起きた。)

2 比較級・最上級

① 比較級の用法

　ある人やものなどの様子や状態を述べるのに、たんにその形容詞や副詞だけでかんたんに説明するのではなく、他の人やものと比べてより具体的に述べたい場合、英語では、

　　〈主語＋動詞＋比較級＋ than ＋他の人（他のもの）〉
　　「(主語) は、(他の人・他のもの) より～」

という形をとります。たとえば、

　　He is taller than she.（彼は、彼女より背が高い。）

というふうになります。まとめると、次のようになります。

　(1)　〈比較級＋ than ～〉「～よりも…」
　　　2つ [2人] を比べて、「～よりも…」という意味になる。
　　　　Mt. Fuji is higher than Mt. Asama.
　　　　（富士山は浅間山より高い。）
　　　　Tom can run faster than Mike.
　　　　（トムは、マイクより速く走れます。）

　また、この比較級の文を強調して述べるときは、much をその比較級の前に置きます。「ずっと」という意味になります。たとえば、

　　He is much taller than she.（彼は、彼女よりずっと背が高い。）

となります。これもあわせて覚えておきましょう。つまり、次のようになります。

(2) 〈much ＋比較級＋ than ～〉「～よりずっと…」
比較級を強調するときは much をその比較級の前に置く。
Australia is much larger than Japan.
（オーストラリアは日本よりずっと大きい）

② 最上級の用法

最上級を使った文は、ある人やものの様子や状態を述べるのに、ある集団の中で一番何々だという言い方です。語順は、

〈主語＋動詞＋ the ＋最上級＋ of〔in〕～〉
「（主語）は、～の中で一番…」

となります。たとえば、

He is the tallest in his family.
（彼は、彼の家族の中で一番背が高い。）

というふうになります。

また、fast（速く）、early（早く）、well（上手に）などの副詞の最上級には the はつけても、つけなくてもどちらでもいいことに注意してください。まとめると、次のようになります。

(1) 〈the ＋最上級＋ of〔in〕～〉「～の中でいちばん〔最も〕…」
3つ(3人)以上を比べて、「～の中でいちばん〔最も〕…」という意味になります。副詞の最上級には the をつけなくてもかまいません。
Tom is the youngest in his family.
（トムは、彼の家族の中で一番若いです。）
Mike runs (the) fastest of the three.
（マイクは、3人の中で一番速く走ります。）

注意しなければならないのが、最上級のあとにつける in と of です。この使い分けは下のようになりますが、できれば〔例〕の語句全体を覚えてしまいましょう。

（2） in と of の使い分け
　　in のあとには場所や範囲を表す語句、of のあとには all や数など複数を表す語句がきます。

〈in ＋場所や範囲を表す語句〉
　　（例） in my class（私のクラスの中で）
　　　　　in his family（彼の家族の中で）
　　　　　in Japan（日本の中で）　　　in the world（世界の中で）

〈of ＋ all や数など複数を表す語句〉
　　（例） of all（すべての中で）　　　of the three（3人の中で）
　　　　　of them（彼らの中で）　　　of us all（私たちみんなの中で）

3　more、most を用いた比較

① more、most を用いた比較

　3音節以上の語と、2音節の語の一部は、原級の前に more、most をつけて比較級、最上級を作ることになります。具体的には、次のような語です。

〔more、most をつけて比較級、最上級を作る語〕
　　　difficult（難しい）　　　　useful（役に立つ）
　　　beautiful（美しい）　　　　famous（有名な）
　　　interesting（興味深い）　　exciting（興奮させる）
　　　important（大切な）　　　 slowly（ゆっくり）
　　　popular（人気のある）　　 quickly（速く）

これらを使った文は次のようになります。

[比較級] This book is <u>more difficult</u> than that one.
 　　　　（この本は、あの本より難しい。）
[最上級] That is <u>the most beautiful</u> picture of all.
 　　　　（あれは、すべての中で一番美しい絵です。）

4　like ～ better〔(the) best〕

①　like ～ better〔(the) best〕

　like を使った比較の文は、注意が必要です。たとえば、「私は、テニスがとても好きです。」を英語でいうと、

　　I like tennis very much.

になります。では、「私は野球よりテニスのほうが好きです。」は、どう言うでしょうか。「much の比較変化は much-more-most だから…」と考えて、

　　I like tennis <u>more</u> than baseball. （誤）

とすると誤りになるのです。ここが、ことばの理屈どおりにいかないところです。正しくは、

　　I like tennis <u>better</u> than baseball. （正）

で、better を使わなければならないのです。最上級の文においても同じように、

　　I like tennis (the) <u>best</u> of all sports.
 　　（私は、すべてのスポーツの中でテニスが一番好きです。）

となります。まとめると、次のようになります。

(1) like ～ better than … 　「…より～の方が好きだ」
I like summer better than winter.
（私は、冬よりも夏が好きです。）
(2) like ～ (the) best of [in] … 　「…の中で～がいちばん好きだ」
I like summer (the) best of all the seasons.
（私は、すべての季節の中で夏が一番好きです。）

5 いろいろな表現

① 比較のいろいろな表現

比較を使ったその他のいろいろな重要表現は次のようなものです。

(1) 〈Which [Who] ～＋比較級 , A or B ?〉
「A と B ではどちらの方が～か」
これは、2つや2人を比べて「どちらの方が～ですか」とたずねる文です。

① Who runs faster, Ken or Hiroshi?
（健とひろしではどちらが速く走りますか。）
　→ Ken does.（健です。）
② Which is older, this car or that one?
（この車とあの車ではどちらが古いですか。）
　→ That car [one] is.（あの車です。）

注意しなければならないのは、「Which, Who は、3人称単数扱いになる」ということです。現在形なら、一般動詞は3人称単数現在形にしなければいけません。また、基本的には Who は人、Which は人間以外に使いますが、その区別は厳密ではなく、人のときに Which を使っていること

もあります。答え方にも気をつけてください。例文①のような一般動詞の疑問文には、do, does, did のいずれかで、例文②のような be 動詞の疑問文には、be 動詞で答えることになります。

(2) 〈Which〔What, Who〕… the ＋最上級＋ in〔of〕… ?〉
「…の中で一番〔最も〕～なのはどれ〔何、だれ〕ですか」
3つ、または3人以上の集団の中で、「どれが〔何が、だれが〕一番～ですか」とたずねる文の形です。

> Which is the oldest car of all?
> (すべての中で、一番古い車はどれですか。)
> 　→ That black one is.（あの黒い車です。）
> What is the easiest book of all?
> (すべての中で、一番簡単な本は何ですか。)
> 　→ This one is.（これです。）
> Who runs (the) fastest in my class ?
> (私のクラスの中で、だれが一番速く走りますか。)
> 　→ Tom does.（トムです。）

この場合も、Which, What, Who は、3人称単数扱いになります。

(3) 〈比較級＋ than any other ＋単数名詞〉「ほかのどの～より…」
これは、「他のどの～より…」という意味で比較級を使っているけれども、言っている内容は最上級と同じになる文の形です。

> Mike is taller than any other boy in his class.
> (トムは、彼のクラスのほかのどの男の子より背が高い。)

than any other のあとは単数名詞になることに注意が必要です。日本語で考えると「他のどの～」だから複数形にしたいところですが、ここは単数形になります。気をつけましょう。

　　　　また、この比較の文は、最上級の文に書き換えられることも覚えて
　　おきましょう。
　　　　＝ Mike is the tallest in his class.
　　　　　（マイクはクラスの中で一番背が高い。）

(4)　〈比較級＋ and ＋比較級〉「だんだん～」「ますます～」
　　　これは、比較級と比較級をつないで「だんだん～」「ますます～」
　　となる表現です。
　　　　　It is getting warmer and warmer.
　　　　　（だんだん暖かくなってきています。）

(5)　〈one of the ＋最上級＋複数名詞〉「いちばん～な…の一つ」
　　　これは、最上級の前に one of をつけて、「一番～なうちの一つ、
　　最も～なうちの一つ」という意味を表す言い方です。
　　　　　This is one of the most popular sports in Japan.
　　　　　（これは、日本で一番人気のあるスポーツの一つです）

　最上級のあとに、複数名詞がくることに注意が必要です。「一番～な」
のがいくつもある。よく考えると少し矛盾したような文ですが、ことばは
理屈では割り切れないところがあります。覚えてください。

②　比較を用いた書き換え

　比較の文の書き換えは、以下のようなパターンがあります。

(1)　This dog is bigger than my dog.（この犬は、私の犬より大きい。）
　　①〔形容詞を反対語にして、主語・比較物を入れ換えるパターン〕
　　　＝ My dog is smaller than this dog.
　　　（私の犬は、この犬よりも小さい。）

② 〔not as ～ as …を使って、主語・比較物を入れ換えるパターン〕
　　= My dog isn't as big as this dog.
　　（私の犬は、この犬ほど大きくない。）
③ 〔not as ～ as …と形容詞の反対語を使うパターン〕
　　= This dog isn't as small as my dog.
　　（この犬は、私の犬ほど小さくない。）

(2)　Mt. Fuji is higher than any other mountain in Japan.
　　（富士山は、日本の他のどんな山よりも高い。）
①〔比較級＋than any other と最上級の文の書き換えパターン〕
　　= Mt. Fuji is the highest in Japan.
　　（富士山は、日本の中で一番高い。）

3 比較

CHECK 4 不定詞の基本３用法

では、「不定詞の基本」について、抜けているところはないかチェックしてみましょう。

チェックテスト

1 （　）内の語を①不定詞にして全文を書き、②日本語にしなさい。

(1) Tom tried (open) the door.
　①
　② (　　　　　　　　　　　　　　　　　　　　　　　)
(2) (speak) Chinese is difficult.
　①
　② (　　　　　　　　　　　　　　　　　　　　　　　)
(3) The best way is (start) at once.
　①
　② (　　　　　　　　　　　　　　　　　　　　　　　)

2 （　）内の語を①不定詞にして全文を書き、②日本語にしなさい。

(1) He got up early (cook) breakfast.
　①
　② (　　　　　　　　　　　　　　　　　　　　　　　)
(2) We work hard (build) the house.
　①
　② (　　　　　　　　　　　　　　　　　　　　　　　)

3 （　）内の語を①不定詞にして全文を書き、②日本語にしなさい。

(1) He was sad (hear) the news.
　①

② (　　　　　　　　　　　　　　　　　　　　　　　　　　)

(2) She was surprised (see) his house.
　　① _____
　　② (　　　　　　　　　　　　　　　　　　　　　　　　　　)

4　次の日本語に合うように(　)に適する英語を入れなさい。

(1) 私たちは、たくさんの飲み水が欲しかった。
　　We wanted a lot of (　　　) (　　　) (　　　).
(2) あなたは何か終えるべき仕事を持っていますか。
　　Do you have any (　　　) (　　　) (　　　) ?
(3) 彼らは、住むための家を持っていなかった。
　　They didn't have a house (　　　) (　　　) (　　　).
(4) 彼には、彼を助ける誰かが必要です。
　　He needs someone (　　　) (　　　) him.
(5) 彼らは、冷たい飲み物を売っている。
　　They sell (　　　) (　　　) (　　　) (　　　).

5　〔　〕内の語を①並べかえて全文を書き、②日本語にしなさい。

(1) I want an 〔 read / interesting book / to 〕.
　　① _____
　　② (　　　　　　　　　　　　　　　　　　　　　　　　　　)
(2) Tomoko has a 〔 to / learn / lot of English words 〕.
　　① _____
　　② (　　　　　　　　　　　　　　　　　　　　　　　　　　)
(3) I had a 〔 do / to / lot of work 〕 yesterday.
　　① _____
　　② (　　　　　　　　　　　　　　　　　　　　　　　　　　)

解答

1 (1) ① Tom tried to open the door.
　　　② トムは、ドアを開けようとしました。
　(2) ① To speak Chinese is difficult.
　　　② 中国語を話すことは、難しい。
　(3) ① The best way is to start at once.
　　　② 一番いい方法は、すぐに始めることです。

▶ここまで1問でも間違いがあれば、**要点の確認 1** でチェック。内容が理解できていないようなら、さらに**詳しい解説 1** へ。

---

2 (1) ① He got up early to cook breakfast.
　　　② 彼は、朝食を料理するために早く起きた。
　(2) ① We work hard to build the house.
　　　② 私たちは、家を建てるために一生懸命に働きます。

3 (1) ① He was sad to hear the news.
　　　② 彼はそのニュースを聞いて悲しかった。
　(2) ① She was surprised to see his house.
　　　② 彼女は、彼の家を見て驚いた。

▶ここまで1問でも間違いがあれば、**要点の確認 2** でチェック。内容が理解できていないようなら、さらに**詳しい解説 2** へ。

---

4 (1) water to drink　　(2) work to finish
　(3) to live in　　　　(4) to help
　(5) something cold to drink

5 (1) ① I want an interesting book to read.
　　　② 私は、おもしろい読むべき本がほしい。
　(2) ① Tomoko has a lot of English words to learn.
　　　② 友子には、覚えるべきたくさんの英単語がある。

(3) ① I had a lot of work to do yesterday.
② 私には、昨日、するべき仕事がたくさんありました。

⮕ここまで1問でも間違いがあれば、要点の確認 3 でチェック。内容が理解できていないようなら、さらに詳しい解説 3 へ。

[CHECK 4　不定詞の基本3用法]

▶▶▶ 要点の確認

以下のそれぞれの要点を見て内容が思い出せればOK。わからなかったり、あやふやだったりしたら、〔詳しい解説〕の該当箇所を読みましょう。

1　名詞的用法

- □ 不定詞の形〈to＋動詞の原形〉
- □ 名詞的用法「〜すること」
- □ 不定詞を目的語にとる動詞
  want to 〜、like to 〜、begin to 〜、start to 〜
  try to 〜、need to 〜、hope to 〜

2　副詞的用法

- □ 動作の目的「〜するために」
- □ 感情の原因・理由「〜して…」
  be happy to 〜、be glad to 〜、be surprised to 〜、
  be sad to 〜、be sorry to 〜

3　形容詞的用法

- □ 「〜するための…」「〜するべき…」「〜する…」
- □ 〈something〔anything など〕＋形容詞＋不定詞〉

[CHECK 4　不定詞の基本3用法]

詳しい解説

1　名詞的用法

①　不定詞の形と意味

　不定詞は、形は〈to ＋動詞の原形〉ですが、使われ方として、下のように名詞的用法、副詞的用法、形容詞的用法の3つがあり、その日本語の訳としてはいくつかありますので、まず、その文の中でどのような意味で使われているのか判断できるようになることが必要です。

　〔不定詞の形　〈to ＋動詞の原形〉〕
　用法と意味
　　(1)　名詞的用法　　「～すること」
　　(2)　副詞的用法　　「～するために」「～して…」
　　(3)　形容詞的用法　「～するための…」「～するべき…」「～する…」

②　名詞的用法

　不定詞の名詞的用法は、「～すること」の意味で、名詞と同じはたらきをします。下の①～③の例文のように、文の中では、動詞の目的語や、文の主語、補語になります。

　①　I want to watch TV.〔動詞の目的語〕
　　　（テレビを見ることを欲する→テレビが見たい）
　②　To study English is interesting.〔文の主語〕
　　　（英語を勉強することはおもしろい。）
　③　My dream is to go to England.〔補語〕
　　　（私の夢はイングランドへ行くことです。）

①の例文のように、動詞のあとに置かれて「～を…する」や「～に…する」の意味になる「～」の部分を文法用語として「目的語」といいます。不定詞を目的語としてとる動詞で、だいたい覚えておいた方がいいものは、次のようなものです。

　［不定詞を目的語にとる動詞］
　　want to ～　（～したい）
　　like to ～　　（～するのが好きだ）
　　begin to ～、start to ～（～し始める）
　　try to ～　　（～しようとする）
　　need to ～　（～する必要がある）
　　hope to ～　（～することを望む）

2　副詞的用法

①　副詞的用法

　副詞的用法には、(1)「～するために」と、(2)「～して…」の2つがあります。

(1)　「～するために」の意味で、動作の目的を表します。
　　　We went to the park to play tennis.
　　　（私たちは、テニスをするために公園へ行きました。）

(2)　「～して…」の意味で、感情の原因・理由を表します。次のようなものを熟語として覚えておきましょう。
　　　be happy to ～、be glad to ～（～してうれしい）
　　　be surprised to ～（～して驚く）
　　　be sad to ～（～して悲しい）
　　　be sorry to ～（～して残念に思う）

I am happy to see you.
(私はあなたに会えてうれしいです。)
He was surprised to read the book.
(彼はその本を読んで驚いた。)

3 形容詞的用法

① 形容詞的用法

　形容詞的用法のときは、基本的には前に名詞や代名詞があります。そして、その名詞や代名詞に不定詞はかかっています。訳し方としては、「~するための…」「~するべき…」「~する…」などとなります。たとえば、

① a book to buy（買うべき本）

② time to watch TV（テレビを見る時間）

などのようになります。例文①では、不定詞の **to buy** が後ろから **book** を修飾しています。②では、**to watch TV**「テレビを見る」というのが、前にある **time**「時間」にかかっているのです。「後ろから前にかかる」、ここが日本語にはない修飾のしかたなので、注意してください。

　また、不定詞の形容詞的用法で、よく出てくる語句としては、次のようなものがあります。

③ a lot of things to do　（たくさんのするべきこと）
④ something to drink　（飲むためのもの→飲み物）

　これらも、③では **to do** が前の **things** にかかっていて、④では **to drink** が **something** にかかっているのです。

ちなみに、something や anything は、後ろに形容詞を取ります。ですから、「何かあたらしいもの」は、something new になりますし、「何かすてきなもの」なら、something nice となります。それで、「何か冷たい飲み物」は、something cold to drink となります。〈something〔anything など〕＋形容詞＋不定詞〉の語順に注意ましょう。

　また、意味をはっきりさせようとして、不定詞のあとに前置詞がつくことがあります。たとえば、

　　He needs someone to talk with.
　　（彼には、いっしょに話をする人が必要です。）

などのように、talk という動詞は「話をする」という意味ですが、もしこの with がないとすると、「いっしょに話をする人」なのか「話の中の話題にする人」なのか、意味がはっきり決まりません。こういうときに前置詞をおいて意味を明確にすることがありますので、覚えておきましょう。

CHECK 5　動名詞

では、「動名詞」について忘れているところはないか、チェックしてみてください。

チェックテスト

1 （　）内の語を①動名詞にして全文を書き、②日本語にしなさい。

(1) He loves (play) tennis with us.
　① _____
　②（　　　　　　　　　　　　　　　　　　　　　　　）

(2) John finished (write) a letter.
　① _____
　②（　　　　　　　　　　　　　　　　　　　　　　　）

(3) I enjoyed (read) the book yesterday.
　① _____
　②（　　　　　　　　　　　　　　　　　　　　　　　）

2 次の英語を日本語になおしなさい。

(1) He stopped singing the song.
　（　　　　　　　　　　　　　　　　　　　　　　　）

(2) He stopped to sing the song.
　（　　　　　　　　　　　　　　　　　　　　　　　）

(3) We remember to open the window.
　（　　　　　　　　　　　　　　　　　　　　　　　）

(4) We remember opening the window.
　（　　　　　　　　　　　　　　　　　　　　　　　）

3 〔 〕内の語を適する形にして（ ）に書き、全文を日本語にしなさい。

(1) I want (　　　) to the sea. 〔go〕
日本語 (　　　　　　　　　　　　　　　　　)

(2) You enjoyed (　　　) tennis last week. 〔play〕
日本語 (　　　　　　　　　　　　　　　　　)

(3) We finished (　　　) at five. 〔work〕
日本語 (　　　　　　　　　　　　　　　　　)

(4) She decided (　　　) a nurse. 〔become〕
日本語 (　　　　　　　　　　　　　　　　　)

(5) We practice (　　　) English every day. 〔speak〕
日本語 (　　　　　　　　　　　　　　　　　)

4 次の日本語に合うように（ ）に適する英語を入れなさい。
（英字がある場合は、その字で始まる単語で答えなさい。）

(1) 彼は、ピアノを弾くことが得意です。
He (　　) (　　) (　　) (　　) the piano.

(2) レストランへ行くのはどうですか。
(H　　) (　　) (　　) to the restaurant?

(3) 私たちを招待してくれてありがとう。
(　　) (　　) (　　) (　　) us.

(4) 私は、父といっしょに話をするのを恐れた。
I (　　) (　　) (　　) (t　　) with my father.

(5) 彼女は、ラジオを聞くことが好きでした。
She (　　) (　　) (　　) (　　) to the radio.

(6) 彼女は、あなたに会うことを楽しみにしている。
She (　　) (　　) (　　) (　　) (　　) you.

(7) トムは、日本語を学ぶことに興味がある。
Tom (　　) (　　) (　　) (s　　) Japanese.

(8) 彼女は、さよならも言わずに出て行った。
She went out (　　) (　　) good-by.

5 〔 〕内の語を動名詞にして（ ）に書き、全文を日本語にしなさい。

(1) (　　　　) the book is interesting. 〔read〕
日本語(　　　　　　　　　　　　　　　　　　　　)

(2) My hobby is (　　　　) birds. 〔watch〕
日本語(　　　　　　　　　　　　　　　　　　　　)

解答

1 (1) He loves playing tennis with us.
　　　　彼は、私たちといっしょにテニスをすることが大好きです。
　(2) John finished writing a letter.
　　　　ジョンは、手紙を書き終えた。
　(3) I enjoyed reading the book yesterday.
　　　　私は、昨日その本を読んで楽しみました。

⇨ ここまで **1** 問でも間違いがあれば、要点の確認 **1** でチェック。内容が理解できていないようなら、さらに詳しい解説 **1** へ。

---

2 (1) 彼は、歌を歌うことをやめた。
　(2) 彼は、歌を歌うために立ち止まった。
　(3) 私たちは、窓を開けることを覚えている。
　(4) 私たちは、窓を開けたことを覚えている。

3 (1) to go　　　私は海へ行きたい。
　(2) playing　　あなたは先週、テニスをして楽しんだ。
　(3) working　　私たちは、5時に働き終えた。
　(4) to become　彼女は、看護師になることを決めた。
　(5) speaking　　私たちは毎日、英語を話すことを練習している。

⇨ ここまで **1** 問でも間違いがあれば、要点の確認 **2** でチェック。内容が理解できていないようなら、さらに詳しい解説 **2** へ。

---

4 (1) is good at playing
　(2) How about going
　(3) Thank you for inviting
　(4) was afraid of talking
　(5) was fond of listening
　(6) is looking forward to seeing

(7) is interested in studying
(8) without saying

⇨ここまで1問でも間違いがあれば、要点の確認 3 でチェック。内容が理解できていないようなら、さらに詳しい解説 3 へ。

5 (1) Reading　　　　その本を読むことは、おもしろい。
　　(2) watching　　　私の趣味は、鳥を見ることです。

⇨ここまで1問でも間違いがあれば、要点の確認 4 でチェック。内容が理解できていないようなら、さらに詳しい解説 4 へ。

[CHECK 5　動名詞]

▶▶▶ 要点の確認

以下のそれぞれの要点を見て内容が思い出せればOK。わからなかったり、あやふやだったりしたら、〔詳しい解説〕の該当箇所を読みましょう。

1　動詞の目的語になる動名詞

- □ 動名詞の形〈動詞＋ing〉意味「～すること」
- □ 「主語＋動詞＋動名詞（目的語）」

2　動名詞と不定詞

- □ 〔目的語に動名詞と不定詞の両方をとる動詞〕
  like、love、begin、start、continue
- □ 〔目的語に不定詞だけをとる動詞〕
  want、hope、decide、wish
- □ 〔目的語に動名詞だけをとる動詞〕
  enjoy、finish、stop、practice
- □ stop ～ ing、stop to ＋動詞の原形
- □ 不定詞をとるか動名詞をとるかで意味の違う動詞
  ① try to ～、try ～ ing
  ② remember to ～、remember ～ ing
  ③ forget to ～、forget ～ ing

3　前置詞の目的語になる動名詞

- □ 〈前置詞＋名詞・代名詞・動名詞〉
- □ 〈前置詞で終わる連語＋動名詞〉
  be good at ～ ing、be fond of ～ ing、be interested in ～ ing、be afraid of ～ ing、Thank you for ～ ing、How about ～ ing?
  look forward to ～ ing

- □ 〈単独の前置詞＋動名詞〉
  without ~ ing、after ~ ing、before ~ ing、for ~ ing、by ~ ing

4　文の主語や補語になる動名詞

- □ 動名詞は文の主語になる
- □ 動名詞は補語になる

[CHECK 5　動名詞]

詳しい解説

1　動詞の目的語になる動名詞

①　動名詞の形と意味

　動名詞は、動詞の形を変えて文の一部で名詞の働きをします。形は、〈動詞＋ing〉です。現在進行形や過去進行形のときに使うing形と同じです。しかし、その意味は、「～すること」で、進行形の意味とは異なることに注意してください。そして、文中では名詞と同じ働きをして、動詞の目的語や、前置詞の目的語、文の主語、補語になります。

②　動詞の目的語

　英語の文の形の一つに、下の例文①のようなものがあります。

　①　I enjoy tennis.
　　　（私は、テニスを楽しみます。）

　これは、「主語＋動詞＋目的語」という形になっていて、「(主語)は、(目的語)を～する」というふうに訳します。この目的語の位置に、動名詞を置くことができるのです。たとえば、次の例文②のように、

　②　I enjoy playing tennis.
　　　（私は、テニスをすることを楽しみます。）

となります。
　なお、ingのつけ方は、進行形で使ったing形の場合と同じです。

2 動名詞と不定詞

① 動名詞と不定詞

　動名詞も不定詞の名詞的用法も動詞の目的語になりますが、前にある動詞によってその使い方に制限があります。つまり、動詞によって、どちらを目的語にとるかが決まっているのです。
　まず、動名詞でも不定詞でもどちらでもとれる動詞は、次のようになります。

(1)　目的語に動名詞と不定詞の両方をとる動詞
　　　　like（〜するのが好きだ）　　　love（〜するのが大好きだ）
　　　　begin, start（〜し始める）　　continue（〜し続ける）

　　　They started eating lunch.
　　　（彼らは、昼食を食べ始めました。）
　　　They started to eat lunch.
　　　（彼らは、昼食を食べ始めました。）

「好き(like, love)と始める(begin, start)は両方とれる」と覚えてください。

次に、目的語、つまりその後に不定詞をとる動詞は以下のとおりです。

(2)　目的語に不定詞だけをとる動詞
　　　　want（〜したい）　　　　　　hope（〜することを望む）
　　　　decide（〜しようと決心する）　wish（〜したいと思う）

　　　① (○) I want to go to Kyoto. （私は京都へ行きたい）
　　　② (×) I want going to Kyoto.

①の例文が正しくて、②の例文は、want という動詞が動名詞をとれないので、間違いになります。

逆に、動名詞しかとれない動詞は、次のようになります。

(3)　目的語に動名詞だけをとる動詞
　　　　enjoy（～して楽しむ）　　　finish（～し終える）
　　　　stop（～するのをやめる）　practice（～を練習する）

　　　（○）I enjoyed reading the book.
　　　　　（私はその本を読んで楽しんだ）
　　　（×）I enjoyed to read the book.

ここで注意しなければならないのは、上の動詞に stop がありますが、不定詞を後にとって、〈stop to ＋動詞の原形〉も間違いではないということです。ただ、そのときは、この〈to ～〉は副詞的用法の不定詞で、「～するために立ち止まる〔手を休める〕」という意味になります。

　　stop ～ ing　　（～するのをやめる）
　　stop to ＋動詞の原形　（～するために立ち止まる〔手を休める〕）

　　　They stopped talking.
　　　（彼らは、話すのをやめました。）
　　　They stopped to talk.
　　　（彼らは、話をするために立ち止まりました〔手を休めました〕。）

なぜ want や hope が不定詞だけをとるのかというと、これは不定詞の特徴に関係があります。不定詞というのは、「将来的」「未来的」な性格を持っていて、「まだ行われていない」「これから先、将来において行う」という意味を持っているのです。ですから、不定詞しかとらない動詞の意味をよくよく見ると、want to ～「～したい」、hope to ～「～することを

望む」、decide to ～「～することを決心する」、wish to ～「～することを望む」で、どれもまだ実際には行っていない動作、これから将来行おうとする動作を意味しています。ですから、不定詞をとることになるのです。

逆に、動名詞は、「もうすでに行った動作」または「今、行っている動作」という意味あいがあります。ですから、(3)のような動詞が、後に動名詞をとるのです。この違いを理解しておいてください。

そして、さらにこの違いによって、次のように両方とれるけれども、意味が異なってくるものがありますので、注意しておきましょう。

(4) 目的語に不定詞をとるか動名詞をとるかで意味の違う動詞
① try to ～　　（～しようと［努力］する）
　　　　　　　　［したかどうかはわからない］
　try ～ ing　（［試しに］～してみる）［実際にやってみた］
② remember to ～　（［これから］～するのを覚えている）
　remember ～ ing　（［過去において］～したのを覚えている）
③ forget to ～　（［これから］～するのを忘れる）
　forget ～ ing　（［過去において］～したのを忘れる）

Remember to give him the book.
（彼に本を渡すのを、覚えておきなさい。）
I remember giving him the book.
（私は、彼に本をあげたのを覚えています。）

3 前置詞の目的語になる動名詞

① 前置詞の目的語

前置詞のあとにはふつう、名詞・代名詞が置かれますが、動名詞も前置詞のあとにきて、前置詞の目的語になることができます。

Rika is good at English.
（りかは、英語が得意です。）
Rika is good at speaking English.
（りかは、英語を話すのが得意です。）

② 〈前置詞＋動名詞〉を含むいろいろな表現

　前置詞＋動名詞を含む表現で、覚えておかなければならないものは、次のようなものです。

(1) 〈前置詞で終わる連語＋動名詞〉
　① be good at ～ ing（～するのが得意だ、上手だ）
　② be fond of ～ ing（～するのが好きだ）
　③ be interested in ～ ing（～することに興味がある）
　④ be afraid of ～ ing（～することを恐れる）
　⑤ Thank you for ～ ing（～してくれてありがとう）
　⑥ How about ～ ing?（～してはどうですか）
　⑦ look forward to ～ ing（～するのを楽しみに待つ）

　⑦の look forward to ～の to は前置詞なので、あとには動詞の原形ではなく動名詞がくることに注意しましょう。

　また、上の連語表現に関して覚えておきたい書き換えパターンには、次のようなものがあります。

　① be good at ～ ing ⇔ 動詞 ～ well ⇔ ～ good ＋名詞
　　Taro is good at speaking English.
　　　（太郎は、英語を話すのが得意です。）
　　⇔ Taro speaks English well.
　　　（太郎は、上手に英語を話します。）
　　⇔ Taro is a good English speaker.
　　　（太郎は、上手な英語を話す人です。）

② be fond of ～ing ⇔ like ～ing
　　Tom is fond of playing soccer.
　　（トムは、サッカーをするのが好きです。）
　⇔ Tom likes playing soccer.
　　（トムは、サッカーをするのが好きです。）

(2) 〈単独の前置詞＋動名詞〉
　① without ～ing（～しないで）
　② after ～ing（～したあとに）
　③ before ～ing（～する前に）
　　　I studied English before eating breakfast.
　　　（私は朝食を食べる前に英語を勉強しました。）
　④ for ～ing（～するために）
　⑤ by ～ing（～することによって）

4 文の主語や補語になる動名詞

① 文の主語

　動名詞は、「～することは」の意味で文の主語になることができます。これは、不定詞の名詞的用法が主語に用いられているものと、書き換えることができます。

　　Reading books is interesting.〔動名詞が文の主語〕
　　（本を読むことは、おもしろい。）
　⇔ To read books is interesting.〔不定詞が文の主語〕
　　（本を読むことは、おもしろい。）

② 補語

　動名詞は、「～すること」の意味で補語になることもあります。これは、次の例文のように、場合によっては、〈be 動詞＋動詞の ing 形〉になっていることもありますが、進行形と勘違いしないように。あくまで、文全体やその前後の文脈で意味を判断するようにしましょう。

　　My hobby is playing the violin.
　　（私の趣味は、バイオリンを弾くことです。）〔動名詞〕
　　My mother is playing the violin.
　　（私の母は、バイオリンを弾いています。）〔進行形〕

CHECK 6 基本5文型

では、「基本5文型」について確認してみましょう。

チェックテスト

1 英文の①主語と②動詞をそれぞれ答え、③全文を日本語にしなさい。

(1) The game started an hour ago.
　① _____　② _____
　③ (　　　　　　　　　　　　　　　　　　　　　　)

(2) She runs in the park every day.
　① _____　② _____
　③ (　　　　　　　　　　　　　　　　　　　　　　)

2 英文の①主語②動詞③補語を答え、④全文を日本語にしなさい。

(1) She became a pilot.
　① _____　② _____　③ _____
　④ (　　　　　　　　　　　　　　　　　　　　　　)

(2) My father got angry.
　① _____　② _____　③ _____
　④ (　　　　　　　　　　　　　　　　　　　　　　)

(3) It sounds great.
　① _____　② _____　③ _____
　④ (　　　　　　　　　　　　　　　　　　　　　　)

3 英文の①主語②動詞③目的語を答え、④全文を日本語にしなさい。

(1) My father sometimes cooks dinner.
　① _____　② _____　③ _____
　④ (　　　　　　　　　　　　　　　　　　　　　　)

(2) They play tennis every day.
① _____ ② _____ ③ _____
④ (   )

(3) She read the book on the bench.
① _____ ② _____ ③ _____
④ (   )

4 ①主語②動詞③目的語④目的語を答え、⑤全文を日本語にしなさい。

(1) My father gave me a pen.
① _____ ② _____ ③ _____ ④ _____
⑤ (   )

(2) We lent him a lot of money.
① _____ ② _____ ③ _____ ④ _____
⑤ (   )

(3) They made her a dress.
① _____ ② _____ ③ _____ ④ _____
⑤ (   )

5 ①主語②動詞③目的語④補語を答え、⑤全文を日本語にしなさい。

(1) They called the dog Pochi.
① _____ ② _____ ③ _____ ④ _____
⑤ (   )

(2) My father made me a doctor.
① _____ ② _____ ③ _____ ④ _____
⑤ (   )

(3) They named their baby Mike.
① _____ ② _____ ③ _____ ④ _____
⑤ (   )

(4) We will keep the river clean.
① _____ ② _____ ③ _____ ④ _____
⑤ (   )

解答

1 (1) ① game ② started
③ その試合は1時間前に始まった。
(2) ① She ② runs ③ 彼女は毎日、公園を走ります。

⊕ここまで1問でも間違いがあれば、要点の確認 1 でチェック。内容が理解できていないようなら、さらに詳しい解説 1 へ。

2 (1) ① She ② became ③ pilot
④ 彼女は、パイロットになった。
(2) ① father ② got ③ angry ④ 私の父は怒った。
(3) ① It ② sounds ③ great
④ それは、すごそうだ。

⊕ここまで1問でも間違いがあれば、要点の確認 2 でチェック。内容が理解できていないようなら、さらに詳しい解説 2 へ。

3 (1) ① father ② cooks ③ dinner
④ 私の父は、ときどき夕食を料理します。
(2) ① They ② play ③ tennis
④ 彼らは毎日、テニスをします。
(3) ① she ② read ③ book
④ 彼女は、ベンチで本を読んだ。

⊕ここまで1問でも間違いがあれば、要点の確認 3 でチェック。内容が理解できていないようなら、さらに詳しい解説 3 へ。

4 (1) ① father ② gave ③ me ④ pen
⑤ 私の父は、私にペンをくれました。
(2) ① We ② lent ③ him ④ money

⑤ 私たちは、彼にたくさんのお金を貸した。
(3) ① They ② made ③ her ④ dress
⑤ 彼らは、彼女にドレスを作ってあげた。

⊟ここまで**1**問でも間違いがあれば、要点の確認 **4** でチェック。内容が理解できていないようなら、さらに詳しい解説 **4** へ。

5 (1) ① They ② called ③ dog ④ Pochi
⑤ 彼らは、その犬をポチと呼びました。
(2) ① father ② made ③ me ④ doctor
⑤ 私の父は、私を医者にしました。
(3) ① They ② named ③ baby ④ Mike
⑤ 彼らは、自分たちの赤ちゃんをマイクと名付けました。
(4) ① We ② keep ③ river ④ clean
⑤ 私たちは、その川をきれいにしておくつもりです。

⊟ここまで**1**問でも間違いがあれば、要点の確認 **5** でチェック。内容が理解できていないようなら、さらに詳しい解説 **5** へ。

[CHECK 6　基本5文型]

▶▶▶ 要点の確認

以下のそれぞれの要点を見て内容が思い出せればOK。わからなかったり、あやふやだったりしたら、〔詳しい解説〕の該当箇所を読みましょう。

1　第1文型

- □　第1文型〈主語＋動詞〉「(主語)は、～する」

2　第2文型

- □　第2文型〈主語＋動詞＋補語〉
  「(主語)は、～である［～に見える、～になる］」
- □　「主語＝補語」
- □　〔第2文型で使う動詞〕
  be動詞、become＋名詞・形容詞、look＋形容詞、
  get＋形容詞、feel＋形容詞

3　第3文型

- □　第3文型〈主語＋動詞＋目的語〉「(主語)は、(目的語)を～する」
- □　「主語≠目的語」

4　第4文型

- □　第4文型〈主語＋動詞＋目的語＋目的語〉
  「(主語)は、(目的語)に(目的語)を～する」
- □　〔第4文型で使う動詞〕
  give、show、tell、teach、lend、send、buy、make、get
- □　〈S＋V＋O(人)＋O(物)〉
  →　〈S＋V＋O(物)＋to［for］＋(人)〉
  ①　［to ～］になる動詞… give, show, tell, teach, lend, send など
  ②　［for ～］になる動詞… buy, make, get, cook など

5　第5文型

- [ ] 第5文型〈主語＋動詞＋目的語＋補語〉
  「(主語)は、(目的語)を(補語)に～する」
- [ ] 「目的語＝補語」
- [ ] 〔第5文型で使う動詞〕
  call、make、name、keep

[CHECK 6　基本 5 文型]

詳しい解説

英語の文は、日本語とは語順が違います。それを理解するのに、英語の文の形を学ぶことはとても大切です。英語の文は、大まかに、5つの型に分けられるとされています。

1　第 1 文型

①　第 1 文型　主語(S)＋動詞(V)

第 1 文型は、〈主語＋動詞〉の形になっているものです。「(主語)は、～する」と訳します。S は Subject (主語)の略で、V は Verb (動詞)の略です。

<u>Mike</u> <u>runs</u> very fast.（マイクは、とても速く走ります。）
　S　　V　　修飾語句

上の例文では、Mike が主語です。そして、runs が動詞です。では、very fast は何なんだ、と疑問に思った方がおられると思いますが、これは、この例文ではどんなふうに走るのかを説明している修飾語句で、文型を考えるときには無視してかまいません。このような修飾語句になるのは、だいたい、「いつ」、「どこで」、「どのように」にあたっていることばです。こうした語句が英文中にあったら、それは除外して文型を考えてください。

2　第 2 文型

①　第 2 文型　主語(S)＋動詞(V)＋補語(C)

第 2 文型は〈主語＋動詞＋補語〉の形で、「(主語)は、～である〔～に見える、～になる〕」といった意味になります。この補語というのは、主

語に説明を加えてその内容を補う語、ということです。名詞や形容詞などが補語になります。C は complement（補語）の略です。

① He is a student.（彼は生徒です。）
　　S　V　　　C

② You look tired.（あなたは疲れているように見える。）
　　S　　V　　C

　上の例文①では、He が主語、is が動詞、student が補語になります。student は、He が何なのかを説明しています。He ＝ student と考えることができます。例文②では、You が主語、look が動詞、tired が補語です。You ＝ tired と考えることができます。

　この第 2 文型で、よく使われる動詞は次のようなものです。
〔第 2 文型で使う動詞〕
be 動詞（〜である）　　　　become ＋名詞、形容詞（〜になる）
look ＋形容詞（〜に見える）　get ＋形容詞（〜になる）
feel ＋形容詞（〜と感じる）

3　第 3 文型

①　第 3 文型　主語（S）＋動詞（V）＋目的語（O）

　第 3 文型は、〈主語＋動詞＋目的語〉の形で、「（主語）は、（目的語）を〜する」と訳します。「目的語」というのは、動詞の動作が対象とする人やものやことがらです。O は object（目的語）の略です。

　　I like soccer very much.（私は、サッカーがとても好きです。）
　　S　V　　O　　　修飾語句

この例文では、I が主語、like が動詞、soccer が目的語、very much は修飾語句です。like は「～を好む、～を好きです」という意味ですが、これには「～を」にあたる語がないと文の意味としては不完全です。必ずその動詞のあとに「～を」にあたる語がないと意味が完結しません。その「～を」にあたる語を目的語と呼んでいます。

　第2文型との違いは、第2文型では、「主語＝補語」という関係がありましたが、第3文型では「主語≠目的語」です。目的語は、主語を説明して補う語ではありません。動作の対象となる語です。ですから、主語イコール目的語にはならないのです。このポイントで見分けてください。

4　第4文型

①　第4文型
　　主語(S)＋動詞(V)＋目的語(O)＋目的語(O)

　第4文型は、〈主語＋動詞＋目的語＋目的語〉の形になって、「(主語)は、(目的語)に(目的語)を～する」という意味になります。2つの目的語は「(人)に」「(物)を」の順に置くのが基本になります。

　　He gave me a watch.（彼は、私に時計を与えた。）
　　 S 　V 　O(人) 　O(物)

この文型に使われる、主な動詞は次のとおりです。
[第4文型で使う動詞]
give （～に…を与える）　　　show （～に…を見せる）
tell （～に…を話す、教える）　teach （～に…を教える）
lend （～に…を貸す）　　　　send （～に…を送る）
buy （～に…を買ってやる）　 make （～に…を作ってやる）
get （～のために…を手に入れてやる）

さて、この文型は、「(人)に」「(物)を」の語順を入れかえることもできます。ただし、その場合、

〈S＋V＋O（人）＋O（物）〉 → 〈S＋V＋O（物）＋to［for］＋（人）〉

となって、入れかえた(人)の前には、to または for のどちらかの前置詞をおくことになります。

He gave me a watch. → He gave a watch to me.
S　V　O(人)　O(物)　　　S　V　O(物)　　(人)

　それでは、to または for のどちらを使ったらいいのか、ということですが、これは、その動詞によって決まっています。to を使う動詞、for を使う動詞はそれぞれ以下のようになります。

［to と for の使い分け］
(1) 〈to ＋人〉になる動詞… give, show, tell, teach, lend, send など
　① He showed the car to me.
　　（彼は、その車を私に見せた。）
(2) 〈for ＋人〉になる動詞… buy, make, get, cook など
　② He bought the car for me.
　　（彼は、その車を私に買ってくれた。）

　少し細かい話になりますが、この使い分けは、前置詞 to と for の基本的な意味とそこに使われている動詞の意味とに関係してきます。to という前置詞は本来「到達」することを意味します。それに対して for は「方向」です。つまり to を使うということは、その行為が相手に直接「到達」している、というような意味になります。上の例文①では、showed（見せた）という行為は、私に直接行われて到達していることになります。一方、例文②では、bought（買った）という行為は、私のために買った、つまり気持ちは私の方向へ向いて彼は買ったのだけれども、私にくれるま

でにはまだ少し間がある、というような感じになります。

　だいたい、以上のように考えて判断することができますが、中学レベルでは、**buy, make, get, cook** は for、それ以外の動詞は to と覚えたほうが効率的かもしれません。

5　第5文型

①　第5文型
　　主語(S)＋動詞(V)＋目的語(O)＋補語(C)

　第5文型は〈主語＋動詞＋目的語＋補語〉という形で、「(主語)は、(目的語)を(補語)に～する」などと訳します。

①　We call him Bob.（私たちは、彼をボブと呼びます。）
　　 S　V　 O　 C

②　The news made him happy.（その知らせは、彼を幸せにした。）
　　　 S　　 V　　O　　C

　上の例文①では、**We** が主語、**call** が動詞、**him** が目的語、**Bob** が補語になります。例文②では、**news** が主語、**made** が動詞、**him** が目的語、**happy** が補語になります。この補語は、目的語を説明しています。第2文型の補語は、主語を説明していますが、この第5文型の補語は、目的語を説明していることに注意してください。ですから、この第5文型では、「目的語＝補語」という関係が成り立ちます。

　形としては第4文型と似ていますが、第5文型では、「目的語＝補語」という関係がありますが、第4文型では「目的語≠目的語」です。つまり、イコールかイコールでないかが、第4文型と第5文型の見分け方になってきます。覚えておきましょう。

この第5文型に使われる動詞は、中学レベルでは、以下のようなものになります。

〔第5文型で使う動詞〕
call（～を…と呼ぶ）　　　　make（～を…にする）
name（～を…と名付ける）　　keep（～を…にしておく）

CHECK 7 受動態

では、「受動態」で忘れているところはないか、チェックテストをやってみましょう。

チェックテスト

1 次の動詞の過去形と過去分詞を_____にそれぞれ書きなさい。

(1) help _____ _____　　(2) live _____ _____
(3) cry _____ _____　　(4) break _____ _____
(5) buy _____ _____　　(6) do _____ _____
(7) hear _____ _____　　(8) read _____ _____
(9) see _____ _____　　(10) teach _____ _____

2 （　）内の語を①過去分詞にして全文を書き、②日本語にしなさい。

(1) English is (speak) by Tom.
　① _____
　② (　　　　　　　　　　　　　　　　　　　　　)

(2) A lot of birds were (see) in the forest.
　① _____
　② (　　　　　　　　　　　　　　　　　　　　　)

3 次の文を①否定文にして全文を書き、②日本語にしなさい。

(1) The computer is used now.
　① _____
　② (　　　　　　　　　　　　　　　　　　　　　)

4 次の文を①疑問文にして②日本語にし、③Yes と④No で答えなさい。

(1) The picture was taken in Osaka.
　① _____
　② (　　　　　　　　　　　　　　　　　　　　　　)
　③ _____　④ _____

5 次の文を①受動態にして全文を書き、②日本語にしなさい。

(1) She washes the car.
　① _____
　② (　　　　　　　　　　　　　　　　　　　　　　)

(2) Mike read the newspaper.
　① _____
　② (　　　　　　　　　　　　　　　　　　　　　　)

6 次の文を①能動態にして全文を書き、②日本語にしなさい。

(1) That book was bought by him.
　① _____
　② (　　　　　　　　　　　　　　　　　　　　　　)

(2) The room was cleaned by Tom.
　① _____
　② (　　　　　　　　　　　　　　　　　　　　　　)

7 次の日本語に合うように(　)に適する英語を入れなさい。

(1) その腕時計は、私の父によって私に与えられました。
　The watch (　　) (　　　　) (　　) me by my father.
(2) 私たちは、私たちの先生によって英語を教えられます。
　We (　　) (　　　　) (　　　) by our teacher.

8 次の日本語に合うように( )に適する英語を入れなさい。

(1) その少年は、私たちにトムと呼ばれていました。
The boy ( ) ( ) ( ) by us.

(2) その花は、サクラと呼ばれています。
The flowers ( ) ( ) sakura.

9 次の日本語に合うように( )に適する英語を入れなさい。

(1) 彼は、芸術に興味があります。
He ( ) ( ) ( ) art.

(2) この箱は、紙で作られています。
This box ( ) ( ) ( ) paper.

(3) チーズは、牛乳から作られる。
Cheese ( ) ( ) ( ) milk.

(4) 彼は、みんなに知られています。
He ( ) ( ) ( ) everyone.

解答

1 (1) helped　helped　(2) lived　lived
(3) cried　cried　(4) broke　broken
(5) bought　bought　(6) did　done
(7) heard　heard　(8) read　read
(9) saw　seen　(10) taught　taught

2 (1) ① English is spoken by Tom.
② 英語が、トムによって話されます。
(2) ① A lot of birds were seen in the forest.
② たくさんの鳥が、森の中に見られました。

⊟ ここまで1問でも間違いがあれば、要点の確認 1、2 でチェック。内容が理解できていないようなら、さらに詳しい解説 1、2 へ。

3 (1) ① The computer is not〔isn't〕used now.
② そのコンピューターは、今、使われていません。

4 (1) ① Was the picture taken in Osaka?
② その写真は、大阪で撮られましたか。
③ Yes, it was.　④ No, it was not〔wasn't〕.

⊟ ここまで1問でも間違いがあれば、要点の確認 2 でチェック。内容が理解できていないようなら、さらに詳しい解説 2 へ。

5 (1) ① The car is washed by her.
② その車は、彼女によって洗われます。
(2) ① The newspaper was read by Mike.
② その新聞は、マイクによって読まれました。

6 (1) ① He bought that book.
② 彼は、あの本を買いました。

料金受取人払郵便

牛込局承認
5698

差出有効期間
平成27年2月
2日まで
（切手不要）

郵便はがき

162-8790

東京都新宿区
岩戸町12 レベッカビル
ベレ出版
　　読者カード係　行

◀お申し込み▶

小社図書のご注文はお近くの書店へ（店頭にない場合でもお取寄せできます）このハガキにてお申し込みの場合：弊社にハガキが到着してから4〜7日ほどで代引きサービスにてお届けします。　送料は冊数にかかわらず合計金額1000円以上で200円 1000円未満の場合は300円です。代金は商品到着時に配送業者へお支払い下さい。（代引き手数料込み）

ご注文書籍名	本体価格	ご注文数
	円	冊
	円	冊

お届け先ご住所　〒

お名前　　　　　　　　　☎　　　（　　）

⚠こちらの面は注文書になります、ご感想等は裏面にご記入下さい。

愛読者カード

URL:http//www.beret.co.jp/

お手数ですがこのカードでご意見をお寄せ下さい。貴重な資料として今後の編集の参考にさせていただきます。個々の情報を第三者に提供することはありません。

■本書のタイトル

■お名前	■年齢	■性別
■ご住所　〒　　　　　TEL	■ご職業	
■Eメールアドレス		

●本書についてのご感想をお聞かせ下さい。

●こんな本がほしい、というご意見がありましたらお聞かせ下さい。

●DM等を希望されない方は○をお書き下さい。

●個人情報は弊社の読者サービス向上のために活用させていただきます。

(2) ① Tom cleaned the room.
② トムは、その部屋をそうじしました。

⇨ここまで1問でも間違いがあれば、要点の確認 3 でチェック。内容が理解できていないようなら、さらに詳しい解説 3 へ。

7 (1) was given to　　(2) are taught English
8 (1) was called Tom　(2) are called
9 (1) is interested in　(2) is made of
　　(3) is made from　　(4) is known to

⇨ここまで1問でも間違いがあれば、要点の確認 4 でチェック。内容が理解できていないようなら、さらに詳しい解説 4 へ。

[CHECK 7　受動態]

▶▶▶ 要点の確認

以下のそれぞれの要点を見て内容が思い出せればOK。わからなかったり、あやふやだったりしたら、〔詳しい解説〕の該当箇所を読みましょう。

1　受動態の意味と形

- □ 意味「～される」「～されている」「～られる」「～られている」
- □ 形　〈be 動詞＋過去分詞〉
- □ 〈by ～〉「～によって（…される）」

2　受動態の時と否定文・疑問文

- □ 現在…〈is〔am, are〕＋過去分詞〉「～される」「～されている」
- □ 過去…〈was〔were〕＋過去分詞〉「～された」「～されていた」
- □ 否定文…〈主語＋ be 動詞＋ not ＋過去分詞～ .〉
- □ 疑問文…〈be 動詞＋主語＋過去分詞 ～ ?〉

3　能動態と受動態の書き換え

- □ 能動態から受動態への書き換え
    ① 能動態の目的語を、受動態の主語にする。
    ② 動詞を〈be 動詞＋過去分詞〉にする。
    ③ 能動態の文の主語を、by のあとにおく。
- □ 受動態から能動態への書き換え
    ① 受動態の by の後の語を、能動態の文の主語にする。
    ② 受動態の be 動詞で時を確認し、過去分詞を現在形または過去形にして能動態の動詞にする。
    ③ 受動態の主語を、能動態の動詞のあとにおく。

4 注意すべき受動態

- [ ] 第4文型の受動態…受動態は2通りが可能。
- [ ] 第5文型の受動態…目的語を主語にして作る。
- [ ] by以外の前置詞を使う受動態
  be surprised at ～、be interested in ～、be covered with ～、
  be known to ～、be made of ～、be made from ～、
  be filled with ～、be born in ～

[CHECK 7　受動態]

詳しい解説

1　受動態の意味と形

①　受動態の意味と形

　「(主語)が、～される」「(主語)が、～されている」という意味の英文を「受動態(受け身)」といいます。今まで学習してきた「(主語)は、～する」などの文を「能動態」といいます。つまり、動作を受けるものが主語になっている文を受動態(受け身)の文ということになります。

　その受動態の形は、〈be 動詞＋過去分詞〉です。「～される」「～されている」「～られる」「～られている」などと訳します。

　　I use this pencil every day.〔能動態〕
　　（私は毎日、このえんぴつを使います。）
　　This pencil is used every day.〔受動態〕
　　（このえんぴつは、毎日使われています。）

　過去分詞というのは、動詞の活用形の一つです。規則動詞では過去形と同じ形になります。不規則動詞は1語1語形が違うので、一つずつしっかり覚えないといけません。

②　by のつく受動態

　受動態の文で、「～によって(…される)」と動作を行う人を示す場合は、後ろに〈by ～〉をつけることになります。

　　This car is used by Tom.
　　（この車は、トムによって使われます。）

ただし、動作を行う人を示す必要がないときや、動作を行う人がはっきりしないときは、ふつう〈by ~〉を省略することに注意してください。

2 受動態の時と否定文・疑問文

① 受動態の時

受動態の時は、やはりこれも be 動詞の文ですので、be 動詞で現在や過去をあらわすことになります。つまり、次のようになります。

(1) 現在…〈is〔am, are〕＋過去分詞〉「～される」「～されている」
　　This car is used by Tom.
　　（この車は、トムによって使われます。）

(2) 過去…〈was〔were〕＋過去分詞〉「～された」「～されていた」
　　This car was used by Tom.
　　（この車は、トムによって使われました。）

② 受動態の否定文と疑問文

受動態の否定文や疑問文は、やはりこれも be 動詞の文ですので、be 動詞の文の否定文・疑問文の作り方になります。つまり、次のようになります。

(1) 否定文…〈主語＋ be 動詞＋ not ＋過去分詞~ .〉
　　The car is sold at that store.
　　（その車は、あの店で売られています。）
　　The car is not〔isn't〕sold at that store.
　　（その車は、あの店で売られていません。）

(2) 疑問文…〈Be 動詞＋主語＋過去分詞 ～ ?〉
The picture was taken by Tom.
(その写真は、トムによって撮られました。)
<u>Was</u> the picture taken by Tom?
(その写真は、トムによって撮られましたか。)
→ Yes, it was. / No, it wasn't.

3 能動態と受動態の書き換え

① 能動態から受動態への書き換え

それでは、ここで、能動態から受動態への書き換えを学習しましょう。だいたい、次のような手順になります。

〔能動態〕Tom uses this car.（トムは、この車を使います。）
　　　　　③　②　　①

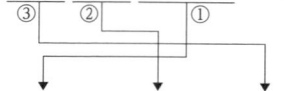

〔受動態〕This car is used by Tom.（この車は、トムによって使われます。）

① 能動態の文の目的語を、受動態の文の主語にする。
② 動詞を〈be 動詞＋過去分詞〉にする。
　このとき、もとの能動態の文の時や受動態の主語の人称に注意して be 動詞を選んでください。ここで間違うことが多いのです。過去分詞も正確に書きましょう。
③ 能動態の文の主語を、by のあとにおく。
　（ただし省略される場合もある。）

② 受動態から能動態への書き換え

ここでは、逆に受動態から能動態に書き換える練習をしましょう。
だいたい、次のような手順になります。

［受動態］ This car is used by Tom.（この車は、トムによって使われます。）

［能動態］ Tom uses this car.（トムは、この車を使います。）

① 受動態の文の by の後にある語を、能動態の文の主語にする。
② 受動態の文の be 動詞で時を確認して、過去分詞を現在形または過去形にして能動態の文の動詞にする。このとき、3 単現の s(es) に注意しましょう。
③ 受動態の文の主語を、能動態の文の動詞のあとにおく。

4 注意すべき受動態

① 第 4 文型の受動態

　文型のところで学習した、give, tell, teach, show などの動詞を使った第 4 文型〈主語＋動詞＋目的語＋目的語〉の文では、目的語が 2 つあるので受動態は下のように 2 通りが可能です。

［能動態］ My uncle gave me the pen.
　　　　　　　　　　　目的語　　目的語

　　（私のおじさんは、私にそのペンをくれました。）

［受動態］
　(1) 目的語の me を主語にした場合
　　　I was given the pen by my uncle.
　　　（私は、私のおじさんによってそのペンを与えられました。）

　　① 目的語 me を主格 I に変えて主語にする。
　　② 能動態の動詞が過去形 gave なのと主語が I なので、was given にする。

③ the pen はそのまま動詞のあとに続ける。
④ 最後に、by のあとに my uncle をおく。

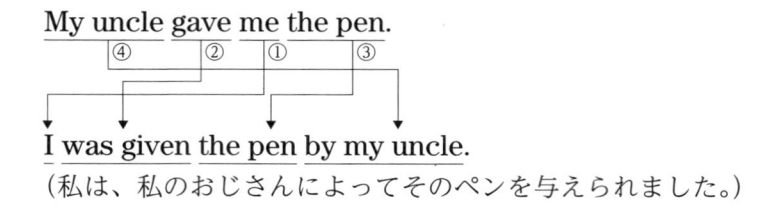

My uncle gave me the pen.
　　　　④　　②　①　　③

I was given the pen by my uncle.
（私は、私のおじさんによってそのペンを与えられました。）

(2) 目的語の the pen を主語にした場合
　　The pen was given (to) me by my uncle.
　　（そのペンは、私のおじさんによって私に与えられました。）

① 目的語 the pen を主語にする。
② 能動態の動詞が gave なのと主語が the pen なので、was given にする。
③ me はそのまま動詞のあとに続ける。前に to をおいてもよい。
④ 最後に、by のあとに my uncle をおく。

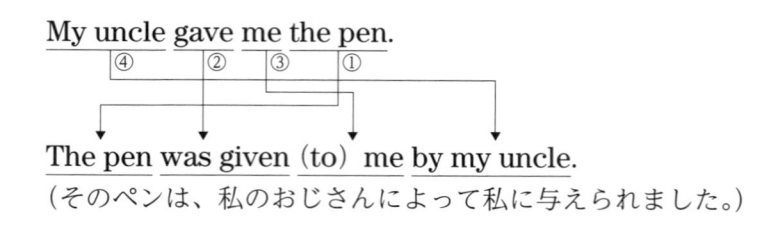

My uncle gave me the pen.
　　　　④　　②　③　①

The pen was given (to) me by my uncle.
（そのペンは、私のおじさんによって私に与えられました。）

上のような手順で２通り作れますが、実際には「人」を主語にした受動態が好まれる傾向にあります。

② 第5文型の受動態

第5文型〈主語＋動詞＋目的語＋補語〉の受動態は、下の例文のように目的語を主語にして作ります。補語はそのまま残ることになります。

［能動態］Tomoko calls the dog Ken.（友子はその犬をケンと呼びます。）
　　　　　　　　④　　　②　　①　　③

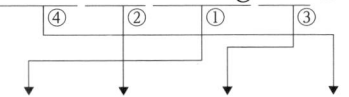

［受動態］The dog is called Ken by Tomoko.
　　　　（その犬は、友子にケンと呼ばれています。）

① 目的語 the dog を主語にする。
② 能動態の動詞 calls と主語 the dog から、is called にする。
③ 補語 Ken を動詞のあとに続ける。
④ 最後に、by のあとに Tomoko を続ける。

③ by 以外の前置詞を使う受動態

　by 以外を使う受動態としては、以下のようなものがありますが、ほとんど連語としてそのまま覚えるようにしてください。どれもとても大切な表現です。

① be surprised at 〜　　（〜に驚く）
② be interested in 〜　　（〜に興味がある）
③ be covered with 〜　　（〜でおおわれている）
④ be known to 〜　　（〜に知られている）
⑤ be made of 〜　　（〜で作られている）〈材料〉
　　目で見て何でできているかわかる場合、つまり材質が変化していない場合に of を使います。
⑥ be made from 〜　　（〜で作られている）〈原料〉
　　目で見て何でできているかわからない場合、つまり材質が化学変化している場合に from を使います。
⑦ be filled with 〜　　（〜でいっぱいである）
⑧ be born in 〜　　（〜で［に］生まれる）
　　born は、bear（生む、命を与える）の過去分詞です。つまり、「〜で命を与えられる」というのが直訳です。

CHECK 8 現在完了

では、「現在完了」で忘れているところがないか確認してみましょう。

チェックテスト

1 （　）の語句を加えて①現在完了の文に書き換え、②日本語にしなさい。

(1) He wants a car.　(for a long time)
　① _____
　② (　　　　　　　　　　　　　　　　　　　　　　　)

(2) My mother is busy.　(since last week)
　① _____
　② (　　　　　　　　　　　　　　　　　　　　　　　)

(3) You study English.　(since last year)
　① _____
　② (　　　　　　　　　　　　　　　　　　　　　　　)

2 次の文を①疑問文にして②日本語にし、③Yesと④Noで答えなさい。

(1) She has been sick since yesterday.
　① _____
　② (　　　　　　　　　　　　　　　　　　　　　　　)
　③ _____　④ _____

(2) You have stayed home for three days.
　① _____
　② (　　　　　　　　　　　　　　　　　　　　　　　)
　③ _____　④ _____

3 下線部をたずねる①疑問文を作り、②それを日本語にしなさい。

(1) They have lived in Kyoto <u>for twenty years</u>.
　① _____
　② (　　　　　　　　　　　　　　　　　　　　　　　)

(2) He has wanted this car <u>since 2010</u>.
　① _____
　② (　　　　　　　　　　　　　　　　　　　　　　　)

4 次の日本語に合うように(　)に適する英語を入れなさい。

(1) 私は、以前、富士山に登ったことがある。
　　I (　　　) (　　　) Mt.Fuji (　　　).

(2) 友子は、3回この本を読んだことがある。
　　Tomoko (　　　) (　　　) this book (　　　) (　　　).

5 (　)内の語句を加えて①全文を書き、②それを日本語にしなさい。

(1) He has visited the city.　(often)
　① _____
　② (　　　　　　　　　　　　　　　　　　　　　　　)

(2) We have played tennis.　(before)
　① _____
　② (　　　　　　　　　　　　　　　　　　　　　　　)

6 次の日本語に合うように(　)に適する英語を入れなさい。

(1) 私は、4回、沖縄へ行ったことがあります。
　　I (　　　) (　　　) (　　　) Okinawa (　　　) (　　　).

(2) さやかは、何回も東京へ行ったことがあります。
　　Sayaka (　　　) (　　　) (　　　) Tokyo (　　　) (　　　).

7 次の文を①never を使って否定文に書き換え、②日本語にしなさい。

(1) I have climbed Mt.Fuji.
① _____
② (   )

(2) Sayaka has been to Tokyo.
① _____
② (   )

8 次の文を①ever を使って疑問文に書き換え、②日本語にしなさい。

(1) They have played soccer.
① _____
② (   )

(2) Tomoko has read this book.
① _____
② (   )

9 次の日本語に合うように（ ）に適する英語を入れなさい。

(1) 何回、彼女はテニスをしたことがありますか。
 (   ) (   ) (   ) she (   ) tennis?
(2) 何回、私たちは京都を訪れたことがありますか。
 (   ) (   ) (   ) (   ) we (   ) Kyoto?

10 ( )内の語句を加えて①現在完了に書き換え、②日本語にしなさい。

(1) My mother came home.　（just）
① _____
② (   )

(2) Tomoko read the book.　（already）
① _____
② (   )

11 次の日本語に合うように（　）に適する英語を入れなさい。

(1) 友子は、ちょうどその店へ行ってきたところです。
　　Tomoko (　　　) (　　　) (　　　) (　　　) the store.

(2) さやかは、その店へ行ってしまいました。
　　Sayaka (　　　) (　　　) (　　　) the store.

12 次の文を①日本語にし、② yet を用いて否定文に書き換え、③それをまた日本語にしなさい。

(1) The boys have already left home.
　　① (　　　　　　　　　　　　　　　　　　　　　　　　　　)
　　② _____
　　③ (　　　　　　　　　　　　　　　　　　　　　　　　　　)

13 次の文を①日本語にし、② yet を用いて疑問文に書き換え、③それをまた日本語にしなさい。

(1) She has already washed the dishes.
　　① (　　　　　　　　　　　　　　　　　　　　　　　　　　)
　　② _____
　　③ (　　　　　　　　　　　　　　　　　　　　　　　　　　)

解答

1 (1) ① He has wanted a car for a long time.
　　　② 彼は、長い間ずっと車をほしがっています。
　(2) ① My mother has been busy since last week.
　　　② 私の母は、先週からずっと忙しい。
　(3) ① You have studied English since last year.
　　　② あなたは、去年からずっと英語を勉強しています。

2 (1) ① Has she been sick since yesterday?
　　　② 彼女は、昨日からずっと病気ですか。
　　　③ Yes, she has.　　④ No, she has not〔hasn't〕.
　(2) ① Have you stayed home for three days?
　　　② あなたは、3日間ずっと家にいるのですか。
　　　③ Yes, I have.　　④ No, I have not〔haven't〕.

3 (1) ① How long have they lived in Kyoto?
　　　② どのくらいの間、彼らは京都にずっと住んでいるのですか。
　(2) ① How long has he wanted this car?
　　　② どのくらいの間、彼はずっとこの車をほしいのですか。

▣ここまで1問でも間違いがあれば、**要点の確認 1**でチェック。内容が理解できていないようなら、さらに**詳しい解説 1**へ。

4 (1) have climbed　before　(2) has read　three times

5 (1) ① He has often visited the city.
　　　② 彼は、たびたびその町を訪れたことがある。
　(2) ① We have played tennis before.
　　　② 私たちは以前、テニスをしたことがある。

6 (1) have been to　four times　(2) has been to　many times

7 (1) ① I have never climbed Mt.Fuji.
　　　② 私は、一度も富士山に登ったことがない。

- (2) ① Sayaka has never been to Tokyo.
  ② さやかは、一度も東京に行ったことがない。

8 (1) ① Have they ever played soccer?
  ② 彼らは、今までにサッカーをしたことがありますか。
- (2) ① Has Tomoko ever read this book?
  ② 友子は、今までにこの本を読んだことがありますか。

9 (1) How often has　played
- (2) How many times have　visited

📖 ここまで1問でも間違いがあれば、要点の確認 2 でチェック。内容が理解できていないようなら、さらに詳しい解説 2 へ。

10 (1) ① My mother has just come home.
  ② 私の母は、ちょうど家に帰って来たところです。
- (2) ① Tomoko has already read the book.
  ② 友子は、もうすでにその本を読んでしまいました。

11 (1) has just been to
- (2) has gone to

12 (1) ① その男の子たちは、もうすでに家を出発しました。
  ② The boys have not〔haven't〕left home yet.
  ③ その男の子たちは、まだ家を出発していません。

13 (1) ① 彼女は、もうすでにそのお皿を洗いました。
  ② Has she washed the dishes yet?
  ③ 彼女は、もうそのお皿を洗いましたか。

📖 ここまで1問でも間違いがあれば、要点の確認 3 でチェック。内容が理解できていないようなら、さらに詳しい解説 3 へ。

[CHECK 8　現在完了]

▶▶▶ 要点の確認

以下のそれぞれの要点を見て内容が思い出せればOK。わからなかったり、あやふやだったりしたら、〔詳しい解説〕の該当箇所を読みましょう。

1　「継続」を表す現在完了

- □ 現在完了の形〈have〔has〕＋過去分詞〉
- □ 基本の意味「過去のある時点での動作や状態が、何かしら現在とつながっている」
- □ 3つの用法
  - (1) 継続用法「ずっと～している」
  - (2) 経験用法「～したことがある」
  - (3) 完了・結果用法「～してしまった」「～したところだ」
- □ 継続用法「(ずっと)～している」「(ずっと)～だ」
- □ 〈for＋期間〉「～の間」
  〈since＋過去を表す語句〉「～から」「～以来」
- □ 現在完了の否定文…〈主語＋have〔has〕＋not＋過去分詞～．〉
- □ 現在完了の疑問文…〈Have〔Has〕＋主語＋過去分詞 ～ ?〉
- □ 〈How long have〔has〕＋主語＋過去分詞～ ?〉
  「どのくらいの間〔いつから〕～しているのですか」

2　「経験」を表す現在完了

- □ 経験用法「(今までに)～したことがある」
- □ [経験用法でよく使われる副詞句]
  - ① 文尾におくもの
    before、once、twice、three times、many times など
  - ② 過去分詞の前におくもの
    often、never、ever
- □ 〈have〔has〕been to ～〉「～へ行ったことがある」
  　　　　　　　　　　　　「～へ行ってきたところだ」

- □ 経験用法の否定文…
    〈主語＋ have〔has〕＋ not〔never〕＋過去分詞～ .〉
    「〔1度も〕～したことがない」
- □ 経験用法の疑問文…
    〈Have〔has〕＋主語＋(ever ＋)過去分詞～ ?〉
    「(今までに)～したことがありますか」
- □ 〈How often ＋現在完了の疑問文の語順～ ?〉
    〈How many times ＋現在完了の疑問文の語順～ ?〉
    「何回～したことがありますか」

3 「完了・結果」を表す現在完了

- □ 完了用法「(ちょうど今)～したところだ」「(すでに)～してしまった」
- □ 結果用法「～してしまった(だから今…だ)」
- □ 〈have been to ～〉
    「～へ行ったことがある」〈経験〉
    「～へ行ってきたところだ(戻ってきて今はここにいる)」
    〈完了・結果〉
- □ 〈have gone to ～〉
    「～へ行ってしまった(だから今ここにいない)」〈完了・結果〉
- □ 完了・結果用法の否定文…
    〈主語＋ have〔has〕＋ not ＋過去分詞 ～ yet.〉
    「まだ～していない」
- □ 完了・結果用法の疑問文…
    〈Have〔Has〕＋主語＋過去分詞 ～ yet?〉
    「もう～しましたか」
- □ 〔完了・結果用法でよく使われる副詞〕
    ① just「ちょうど」〔過去分詞の前〕
    ② already「(肯定文で)もう」〔過去分詞の前〕
    ③ yet 「(疑問文で)もう」〔文末〕
       「(否定文で)まだ」〔文末〕

4　現在完了の3用法

- □ (1)　「継続」…「(ずっと)～している」
  - (2)　「経験」…「(今までに)～したことがある」
  - (3)　「完了・結果」…「～したところだ」「～してしまった」
- □　どの用法になるかは、前後の文脈や、副詞が意味を確定する。
- □　〔現在完了といっしょに使えない語句〕
  - ①　When ～ ?
  - ②　yesterday、last ～、～ ago、just now など。

[CHECK 8　現在完了]

詳しい解説

1　「継続」を表す現在完了

①　現在完了の形と基本的な意味

　現在完了の意味する基本は、「過去のある時点での動作や状態が、何かしら現在とつながっている」ということです。

　現在完了の形は、〈have［has］＋過去分詞〉になります。主語が３人称単数のときは、has を使います。ここでも、受動態と同じように過去分詞を使いますので、その綴りをしっかり覚えておくことが必要になります。具体的には、次のような文になります。

①　I have lived in Osaka for three years.
　　（私は、３年間ずっと大阪に住んでいます。）

　現在完了の基本は「何かしら現在とつながっている」ということで、①の例文の場合、「今も大阪に住んでいる」という意味が含まれているのです。しかし、日本語訳には通常出てきませんので注意が必要です。このように、何が現在とつながっているのかは、その文それぞれやその前後の文脈から考えることになります。しかし、通常の文では、自然と何を意味しているかわかるはずです。

　それでは、今まで学習した現在や過去の文と現在完了はどう違うのか、ということですが、下の例文を見てください。

②　I live in Osaka now.〔現在〕
　　（私は、今、大阪に住んでいます。）

③　I lived in Osaka three years ago.〔過去〕
　　（私は、3年前、大阪に住んでいました。）

　②の文は現在形ですが、これはあくまで現在の状態しか述べていません。今はそうだが、それがいつからのことなのか、などは一切あらわしていないのです。ところが、現在完了の文の①では、「3年間ずっと住んでいる」という過去のある時点から現在までの状態を述べているのです。つまり、現在完了は述べている文の示している時間に幅があるということです。

　また、③の文は過去形ですが、これは、まさしく3年前のそのときのことしか述べていません。そのときは、「大阪に住んでいた」と述べていますが、今はどうなったかは一切、この文からはわからないのです。ここが、過去形と現在完了の大きな違いです。

　さて、現在完了には、主に3つの意味・用法があります。

(1)　継続用法「ずっと〜している」
(2)　経験用法「〜したことがある」
(3)　完了・結果用法「〜してしまった、〜したところだ」

の3つです。それぞれの訳し方はこのようになりますが、しかし、その各々の訳の中には、「過去のある時点での動作や状態が、何かしら現在とつながっている」という意味がそれぞれ含まれていることを、くれぐれも忘れないでください。

②　「継続」を表す現在完了

　「継続用法」は、「(ずっと)〜している、(ずっと)〜だ」という意味になります。過去のある時点から現在まである状態が継続していることを表します。たとえば、下のような例文になります。

① I have lived in Osaka for three years.
（私は、3年間ずっと大阪に住んでいます。）
② I have lived in Osaka since 2008.
（私は、2008年からずっと大阪に住んでいます。）

　この継続用法でよく使われる for と since の違いに注意してください。for は「～の間」ですので、その後には「3年」とか「24時間」とか時間の長さや期間がきます。それに対して、since は「～以来今まで」という意味ですので、そのあとには始まった時点をあらわす、「2008年」とか「今朝」とか「2週間前」などの過去のある時点を示すことばがきます。

・〈for ＋期間〉「～の間」
・〈since ＋過去を表す語句〉「～から」「～以来」

③ 現在完了の否定文・疑問文

　現在完了の否定文は、have〔has〕のあとに not をおきます。疑問文は、Have〔Has〕を主語の前に出します。つまり、現在完了では、have〔has〕が、be 動詞の文における be 動詞のような働きをするのです。

(1) 否定文…〈主語＋ have〔has〕＋ not ＋過去分詞～ .〉
　　She has not〔hasn't〕lived in Osaka for three years.
　（彼女は、3年間ずっと大阪に住んでいません。）
　　　短縮形　have not → haven't, has not → hasn't があbr>　　　ますので、注意してください。

(2) 疑問文…〈Have〔Has〕＋主語＋過去分詞 ～ ?〉
　　　　　　→ 答えにも have〔has〕を使う。
　　Have you lived here for a long time?
　（あなたは、長い間ここに住んでいますか。）
　　　　→ Yes, I have. / No, I have not〔haven't〕.

④ How long ～の文

　現在完了の継続用法で、覚えておくべき疑問文の形は、「どのくらいの間」と期間をたずねる文で、

〈How long have〔has〕＋主語＋過去分詞～ ?〉
「どのくらいの間〔いつから〕～しているのですか」

となるものです。つまり、先頭に How long を置いて、その後は現在完了の疑問文の語順が続く、という文の形になります。この疑問文に対しては、for や since を使って答えるのがふつうです。

　　How long has she been sick?
　　（彼女はどのくらいの間〔いつから〕病気なのですか。）
　　　→ She has been sick for a week.
　　　　（彼女は、1週間ずっと病気です。）
　　　→ She has been sick since last week.
　　　　（彼女は、先週からずっと病気です。）

2　「経験」を表す現在完了

①　「経験」を表す現在完了

　現在完了の「経験用法」は、「（今までに）～したことがある」と訳して、過去から現在までのうちに経験したことを表すことになります。

　　I have visited Kyoto once.
　　（私は1度、京都を訪れたことがあります。）

　この経験用法でよく使われる語句に、次のようなものがありますので、これもしっかり覚えておきましょう。

〔経験用法でよく使われる副詞句〕
(1) ふつう文尾にくるもの
before（以前に）、once（1度）、twice（2度）、three times（3度）、many times（何度も）
　　I have visited Kyoto before.
　　（私は以前、京都を訪れたことがあります。）
(2) ふつう過去分詞の前にくるもの
often（しばしば）、never（1度も〜ない）〈否定文で〉、ever（今までに）〈疑問文で〉
　　I have often visited Kyoto.
　　（私は、しばしば京都を訪れたことがあります。）
　　I have never visited Kyoto.
　　（私は、1度も京都を訪れたことがない。）
　　Have you ever visited Kyoto?
　　（あなたは、今までに京都を訪れたことがありますか。）

② have〔has〕been to 〜

　これは、経験用法で必ず覚えておかなければならない表現です。be動詞の過去分詞beenを使った現在完了で、〈have〔has〕been to 〜〉という形で、「〜へ行ったことがある」という意味になります。be動詞の意味は「いる、です」と習ったのに、この形になると「行った」となるところが、ことばの理屈どおりにいかないところです。覚えましょう。また、これは、あとから出てくる完了・結果用法では、「〜へ行ってきたところだ」となります。これは、「もう戻ってきてここにいる」という意味を含んでいることに注意してください。覚えておきましょう。

(1) 「〜へ行ったことがある」〈経験〉
　　He has been to Australia before.
　　（彼は以前、オーストラリアへ行ったことがあります。）

(2) 「~へ行ってきたところだ」〈完了・結果〉
　　　I have been to the post office.
　　　（私は、郵便局へ行ってきたところです。）

③ 「経験」を表す現在完了の否定文・疑問文

　経験用法での否定文・疑問文の作り方は、継続用法のときと同じです。しかし、経験用法であることをはっきりさせるために、否定文では not の代わりに never をおいて「1度も~ない」としたり、疑問文では、ever を過去分詞の前において「今まで~」とつけくわえたりします。

(1) 否定文…〈主語＋ have［has］＋ not［never］＋過去分詞~．〉
　　　　　「［1度も］~したことがない」
　　　I have never visited Kyoto.
　　　（私は、1度も京都を訪れたことがない。）

(2) 疑問文…〈Have［has］＋主語＋(ever ＋) 過去分詞~？〉
　　　　　「(今までに) ~したことがありますか」
　　　Have you ever seen him?
　　　（あなたは今までに彼に会ったことがありますか）
　　　→ Yes, I have. / No, I haven't.
　　　　※ No, I never have.（いいえ、1度もありません。）という答え方もあります。

④ How often ~ , How many times ~の文

さらに、経験用法で覚えておくべき大切な疑問文は、

〈How often ＋現在完了の疑問文の語順~？〉または、
〈How many times ＋現在完了の疑問文の語順~？〉の形で、
「何回~したことがありますか」

とたずねるものです。

たとえば、次の例文のようになります。

How often have you ever visited Kyoto?
(何回あなたは今まで、京都を訪れたことがありますか。)
How many times have you ever visited Kyoto?
(何回あなたは今まで、京都を訪れたことがありますか。)

3 「完了・結果」を表す現在完了

① 「完了・結果」を表す現在完了

「完了用法」は、「(ちょうど今)〜したところだ、(すでに)〜してしまった」などと訳し、現在までにある動作が終わっていることを表しますが、もちろん現在完了ですので、それが現在と何らかのつながりがあるときに使います。たとえば、次のような例文になります。

① I have just finished my homework.
　　(私は、ちょうど宿題を終えたところです。)

訳すと上のような日本語になり、これだけでは何が今とつながりがあるのかわからないのですが、実際にこんな現在完了の文が使われている文章の中では、その文脈からわかるはずです。それは、たとえば、「だから今、私はゆっくりテレビを見ているのだ」とか、「だから今、友だちとおしゃべりを心おきなくしているのだ」とか、「だから今、ソファに寝ころがっているのだ」とか、いろいろ考えられますが、そうした今とのつながりが実際はあるのです。

これに対して、単なる過去形の文では、たとえば次の②の例文、

② I finished my homework an hour ago.
　　（私は、1時間前に宿題を終えました。）

　これは、ただ単に過去の事実を述べているだけで、今はどうなのかまったくこの文だけではわかりません。これが、現在完了と過去形の違いです。

　次に、「結果用法」は、「～してしまった（だから今…だ）」という意味で、過去に起こったことの結果が、現在につながっていることを表します。たとえば、次のような例文です。

③ I have lost my watch.
　　（私は、時計をなくしてしまった。）

　これは、上の訳だけ見ると、過去形と意味が同じように思われるかもしれませんが、この現在完了の英文には「今も時計は見つかっていない」ということも含まれているのです。これが、単なる過去形なら、たとえば次の例文④のようになりますが、

④ I lost my watch yesterday.
　　（私は、昨日、時計をなくした。）

　これも、やはり過去形の文なので、単に過去の事実だけを述べているだけで、今、時計はどうなっているかはこの文ではまったくわかりません。もしかしたら、時計は見つかって出てきたのかもしれないし、見つからないままかもしれませんし、新しい時計を買ったのかもしれません。いろんな可能性がありますが、とにかく、そうしたことはこの文では何にもわからないのです。ここが、現在完了と過去形の違いです。よく理解しておいてください。

　一応、上では「完了」と「結果」に分けて説明しましたが、今、見てきたように、どちらも似たような意味になり、この2つにははっきりした

区別はありません。ですので、「完了・結果用法」とまとめているのがふつうです。

この完了・結果用法でよく使われる副詞に次のようなものがあります。

① just「ちょうど」〔過去分詞の前におく〕
　　I have just visited Kyoto.
　　（私は、ちょうど京都を訪れたところです。）
② already「（肯定文で）もう」〔過去分詞の前におく〕
　　I have already visited Kyoto.
　　（私は、もうすでに京都を訪れてしまった。）

② have been to ～ と have gone to ～

それでは、完了・結果用法で注意しなければならない表現を学習します。それは、経験用法でも出てきた〈have been to ～〉と〈have gone to ～〉です。

(1) have been to ～
　　「～へ行ったことがある」〈経験〉
　　「～へ行ってきたところだ（戻ってきて今はここにいる）」
　　　　　　　　　　　　　　　　　〈完了・結果〉

(2) have gone to ～
　　「～へ行ってしまった（だから今ここにいない）」〈完了・結果〉
　　He has gone to Tokyo.
　　（彼は、東京へ行ってしまった。）

「戻ってきて今はここにいる」と「今はここにいない」という違いをしっかり覚えておいてください。

③ 「完了・結果」の否定文・疑問文

完了・結果用法の否定文・疑問文の作り方は、基本的には今までと同じです。しかし、完了・結果用法であることをはっきりさせるために、否定文では、yet(まだ)を、疑問文でも yet(もう)をそれぞれ文末におくのがふつうです。

(1) 否定文…〈主語＋have〔has〕＋not＋過去分詞 〜 yet.〉
「まだ〜していない」
He hasn't visited Kyoto yet.
(彼は、まだ京都を訪れていません。)

(2) 疑問文…〈Have〔Has〕＋主語＋過去分詞 〜 yet?〉
「もう〜しましたか」
Has he visited Kyoto yet?
(彼は、もう京都を訪れましたか。)
→ Yes, he has. (はい、訪れました。)
　 No, he hasn't. (いいえ、訪れていません。)
　　※ No, not yet. (いいえ、まだです。) という答え方もあります。覚えておきましょう。

今、出てきた yet も含めて、この完了・結果用法でよく使われる副詞を再度まとめると、次のようになります。

① just 「ちょうど」〔過去分詞の前におく〕
I have just visited Kyoto.
(私は、ちょうど京都を訪れたところです。)
② already 「(肯定文で) もう」〔過去分詞の前におく〕
I have already visited Kyoto.
(私は、もうすでに京都を訪れてしまった。)
③ yet 「(疑問文で) もう」〔文末におく〕
「(否定文で) まだ」〔文末におく〕

ここで一つ注意しなければならないのは、**already** を使った現在完了の肯定文を否定文や疑問文にするときに、**already** は **yet** に変えるということです。ですから、

　　He has already visited Kyoto.
　　（彼は、もうすでに京都を訪れました。）

という文を否定文・疑問文にすると、

　　He hasn't visited Kyoto yet.
　　（彼は、まだ京都を訪れていません。）
　　Has he visited Kyoto yet?
　　（彼は、もう京都を訪れましたか。）

となります。注意してください。

4　現在完了の3用法

①　現在完了の3用法

　現在完了について、一応、かんたんにその意味をまとめると次のようになることをここで確認しておきましょう。

(1)　「継続」…「（ずっと）～している」
(2)　「経験」…「（今までに）～したことがある」
(3)　「完了・結果」…「～したところだ、～してしまった」

　どの意味になるかは、前後の文脈によります。また、副詞があれば、その副詞が意味を確定してくれることになります。

さて最後に、ひとつ注意しなければならないのは、現在完了には、いっしょに使えない語句があるということです。現在完了は、過去のある状態や出来事が今と何らかのつながりがあることを表します。ですから、その文が示す時間には、わりと幅のある言い方になります。ですので、時を限定してしまうような語句、たとえば、when（いつ）という疑問詞とはいっしょに使えません。また、過去をはっきり示すyesterday（昨日）やlast week（先週）などともいっしょには使えないのです。主に次のような語句に注意してください。

［現在完了といっしょに使えない語句］
① When ～ ?（いつ～）
② yesterday、last ～、～ ago、just now（たった今）など、はっきりと過去を表す語句。
※ before（以前に）は、ばくぜんと過去を表すので使うことができる。

CHECK 9　接続詞

では、以下のチェックテストで「接続詞」に抜けているところがないか確認してみましょう。

チェックテスト

1 次の日本語に合うように( )に適する英語を入れなさい。
　　(英字がある場合は、その字で始まる単語で答えなさい。)

(1) 私はテニスが好きです。そして、マイクもテニスが好きです。
　　I like tennis, (　　　) Mike likes tennis too.
(2) 彼は自転車をほしいのですが、彼女は車をほしいと思っています。
　　He wants a bike, (　　　) she wants a car.
(3) 彼女は自転車で公園へ行きましたか、それとも車で行きましたか。
　　Did she go to the park by bike (　　　) by car?
(4) 熱心に勉強しなさい、そうすれば君は試験に合格するでしょう。
　　(　　　) hard, (　　　) you will pass the exam.
(5) すぐに行きなさい、そうでないとあなたはバスに乗り遅れるよ。
　　(G　　　) at once, (　　　) you will miss the bus.

2 次の日本語に合うように( )に適する英語を入れなさい。

(1) 私が帰宅したとき、私の母は夕食を料理していました。
　　My mother was cooking dinner (　　　) I came home.
(2) トムが私の部屋に入ってきたとき、アリスは本を読んでいました。
　　(　　　) Tom came into my room, Alice was reading a book.
(3) もし明日、雨が降るなら、私は一日中家にいるでしょう。
　　(　　　) it rains tomorrow, I will stay home all day.
(4) もしあなたがいそがしいなら、彼女はあなたを手伝うでしょう。
　　She will help you (　　　) you are busy.

151

3 次の日本語に合うように( )に適する英語を入れなさい。
(英字がある場合は、その字で始まる単語で答えなさい。)

(1) あなたは寝る前に、お皿を洗わなければならない。
You have to wash the dishes (　　　) you go to bed.
(2) 彼は毎日、英語を勉強したあとでテレビを見ます。
He watches TV (　　　) he studies English every day .
(3) トムが図書館にいる間に、マイクはその店に行きました。
Mike went to the store (　　　) Tom was in the library.
(4) 彼女がその仕事を終えるまで、ここで待ちなさい。
Wait here (　　　) she finishes the work.
(5) 私は昨日、家にいました。なぜなら私は病気だったからです。
I was at home yesterday (b　　　) I was sick.
(6) ルーシーはその人を知らなかったので、部屋から出て行った。
(A　　　) Lucy didn't know the man, she went out of the room.
(7) その少年は若かったけれども、あらゆることを知っていました。
The boy knew everything (t　　　) he was young.

4 次の文を日本語にしなさい。

(1) I know that Tom likes tennis.
(　　　　　　　　　　　　　　　　　　)
(2) My mother says that I must read a lot of books.
(　　　　　　　　　　　　　　　　　　)
(3) She thinks that her father is good at cooking.
(　　　　　　　　　　　　　　　　　　)
(4) We hope that it will rain tomorrow.
(　　　　　　　　　　　　　　　　　　)
(5) I hear that it will be fine tomorrow.
(　　　　　　　　　　　　　　　　　　)

5 次の日本語に合うように( )に適する英語を入れなさい。

(1) 彼は、私の家の近くに住んでいると言った。
He ( ) that he ( ) near my house.

(2) 彼女は、彼女の母がその病院で働いていることを知っていた。
She ( ) that her mother ( ) in the hospital.

(3) 私たちは、彼は医者であると思った。
We ( ) that he ( ) a doctor.

(4) 私は、彼がその知らせに驚いていると聞いた。
I ( ) that he ( ) surprised at the news.

6 次の日本語に合うように( )に適する英語を入れなさい。

(1) きっと彼は有名になるだろうと私は思う。
I ( ) ( ) ( ) he will be famous.

(2) その少年は病気ではないだろうかと私は心配している。
( ) ( ) ( ) the boy may be sick.

(3) そこへ行けないのが私は残念です。
( ) ( ) ( ) I can't go there.

7 次の日本語に合うように( )に適する英語を入れなさい。

(1) 彼はとてもいそがしいので、テレビを見る時間がなかった。
He was ( ) busy ( ) he had no time to watch TV.

(2) 彼女が家に帰るとすぐに、雨が降り始めた。
( ) ( ) ( ) she came home, it began to rain.

(3) 私たちは、テニスも野球も両方とも好きです。
We like ( ) tennis ( ) baseball.

(4) あなたは、このペンかあのペンのどちらかを使うことができます。
You can use ( ) this pen ( ) that pen.

(5) 図書館とスーパーマーケットの間に、高いビルがあります。
There is a tall building ( ) a library ( ) a supermarket.

(6) ジェーンは、できるだけ速く走った。
　　Jane ran (　　) fast (　　) she (　　).

8　次の文を① too ~ to … の文に書き換え、②日本語にしなさい。

(1) Lucy is so sick that she can't play tennis.
　① _____
　② (　　　　　　　　　　　　　　　　　　　　)

(2) Tom was so hungry that he couldn't walk home.
　① _____
　② (　　　　　　　　　　　　　　　　　　　　)

9　次の2文を① so ~ that … で1文にし、②日本語にしなさい。

(1) Tom was sick.　He went to bed early.
　① _____
　② (　　　　　　　　　　　　　　　　　　　　)

(2) They were excited.　They couldn't sleep.
　① _____
　② (　　　　　　　　　　　　　　　　　　　　)

10　次の2文を① as soon as の1文にし、②日本語にしなさい。

(1) He ate dinner.　He began to study.
　① _____
　② (　　　　　　　　　　　　　　　　　　　　)

(2) My father came home.　He started cooking dinner.
　① _____
　② (　　　　　　　　　　　　　　　　　　　　)

解答

1 (1) and (2) but (3) or (4) Study and (5) Go or

2 (1) when (2) When (3) If (4) if

3 (1) before (2) after (3) while (4) till〔until〕 (5) because (6) As (7) though

▷ここまで1問でも間違いがあれば、**要点の確認 1**でチェック。内容が理解できていないようなら、さらに**詳しい解説 1**へ。

4 (1) トムはテニスが好きだということを、私は知っている。
(2) 私はたくさんの本を読まなければならないと、私の母は言います。
(3) 彼女の父は料理が得意だと、彼女は思っています。
(4) 明日、雨が降ることを私たちは望んでいる。
(5) 明日は晴れるだろうと、私は聞いている。

5 (1) said lived (2) knew worked (3) thought was (4) heard was

6 (1) am sure that (2) I'm afraid that (3) I'm sorry that

7 (1) so that (2) As soon as (3) both and (4) either or (5) between and (6) as as could

8 (1) ① Lucy is too sick to play tennis.
   ② ルーシーはあまりに気分が悪くてテニスをすることができません。
(2) ① Tom was too hungry to walk home.
   ② トムはあまりにお腹がへっていて、家に歩いて帰ることができなかった。

9 (1) ① Tom was so sick that he went to bed early.
   ② トムはとても気分が悪かったので、早く寝ました。

(2) ① They were so excited that they couldn't sleep.
② 彼らはとても興奮していたので、眠れませんでした。

10 (1) ① As soon as he ate dinner, he began to study.
② 彼は夕食を食べるとすぐに、勉強をし始めた。
(2) ① As soon as my father came home, he started cooking dinner.
② 私の父は家に帰るとすぐに、夕食を料理し始めた。

⮕ここまで1問でも間違いがあれば、要点の確認 2 でチェック。内容が理解できていないようなら、さらに詳しい解説 2 へ。

▶▶▶ 要点の確認

[CHECK 9　接続詞]

以下のそれぞれの要点を見て内容が思い出せればOK。わからなかったり、あやふやだったりしたら、〔詳しい解説〕の該当箇所を読みましょう。

1 接続詞の意味

- [ ] 等位接続詞…
  対等の関係で結びつける接続詞。and、but、or など。
- [ ] 〈命令文 , and ~ .〉、〈命令文 , or ~ .〉
- [ ] 従位接続詞…
  主と従の関係で結びつけて、時や理由や条件などを表す接続詞。
    - ・副詞節を導くもの… when、if、before、after、because など。
    - ・名詞節を導くもの… that
- [ ] 副詞節…文中で副詞の働きをする主語と動詞の組み合わせ
- [ ] when や if などの時や条件を表す節の中の動詞は、未来のことを表す場合でも現在形にする。
- [ ] 副詞節を導く接続詞
  when、before、after、since、while、till〔until〕、
  because、as、since、if、though

2 接続詞の that、連語の接続詞

- [ ] 接続詞の that 「~ということ」
  know that ~、say that ~、think that ~、hope that ~、
  hear that ~
- [ ] 時制の一致…「主節が過去のときは従属節も過去になる」
- [ ] 〈be ＋形容詞＋ that〉
  be sure (that) ~、be afraid (that) ~、be sorry (that) ~
- [ ] 連語の接続詞
  so ~ that …、as soon as ~、both ~ and …、either ~ or …、
  between ~ and …、as ~ as … can

[CHECK 9　接続詞]

詳しい解説

1　接続詞の意味

① 等位接続詞

　文中で、語と語や、句と句、節と節などを結びつけるはたらきをすることばを、「接続詞」といいます。そのうち、and や but、or など、語と語、句と句（2語以上の意味のまとまりを「句」といいます）、節と節（主語と動詞の組み合わせを「節」といいます）を対等の関係で結びつけるものを、「等位接続詞」といいます。主な等位接続詞は、次のとおりです。

(1)　〜 and…　　「〜と…」「〜そして…」
　　　Tom and Rika（トムとリカ）〔語と語〕
(2)　〜 but…　　「〜しかし…」「〜だが…」
　　　I like English, but I don't like math.〔節と節〕
　　　（私は英語が好きです、しかし、数学は好きではありません。）
(3)　〜 or…　　「〜かそれとも…」「〜または…」
　　　by bus or by train（バスで、または電車で）〔句と句〕

さらに、注意する文の形として、次のものがあります。

(4)　〈命令文 , and 〜 .〉　「…しなさい、そうすれば〜」
　　　Study English, and you can read the book.
　　　（英語を勉強しなさい、そうすればあなたはその本が読めます。）
(5)　〈命令文 , or 〜 .〉　「…しなさい、そうでないと〜」
　　　Study English, or you can't read the book.
　　　（英語を勉強しなさい、そうでないとその本が読めません。）

② 従位接続詞

　文と文を、主と従の関係で結びつけて、時や理由や条件などを表す接続詞を「従位接続詞」といいます。when、if、before、after、because のように副詞節（文中で副詞の働きをする主語と動詞の組み合わせ）を導くものと、that のように名詞節（文中で名詞の働きをする主語と動詞の組み合わせ）を導くものがあります。

　　I went to Canada when I was twelve.
　　（私は12歳のときに、カナダに行きました。）

③ 副詞節

　when ～ や if ～ などの節（文中にある主語と動詞の組み合わせの部分）は、時や条件を表して副詞と同じはたらきをしますので、「副詞節」と呼ばれています。副詞節は主節（＝文の意味の中心となっている主語と動詞の組み合わせ）の前にくることも、あとにくることもあります。

　　If it is fine tomorrow, we will go to the park.
　　（もし明日晴れなら、私たちは公園へ行くでしょう。）
　　We will go to the park if it is fine tomorrow.
　　（もし明日晴れなら、私たちは公園へ行くでしょう。）

　ここでひとつ注意しなければならないのは、「when や if などの時や条件を表す節の中の動詞は、未来のことを表す場合でも現在形にする」ということです。

　　When you come home tomorrow, I will tell you about it.
　　（明日あなたが家に帰って来たとき、私はあなたにそのことについて話しましょう。）

　上の例文では、when が導く節では、tomorrow（明日）がありますの

で、内容としては未来のことなのですが、この場合、動詞は現在形の come のままでよいということになります。

④ 副詞節を導く接続詞

副詞節を導く接続詞には次のようなものがあります。それぞれの意味をしっかり覚えてください。

(1) 時を表すもの
when「〜するとき」、before「〜する前に」、
after「〜したあとに」、since「〜して以来」、
while「〜する間に」、till〔until〕「〜するまで」

(2) 理由を表すもの
because、as、since「〜なので」
Why 〜 ? に対して理由を答えるときは〈Because 〜 .〉のように言う。

(3) 条件や譲歩を表すもの
if「もし〜なら」〈条件〉、though「〜だけれども」〈譲歩〉

2　接続詞の that、連語の接続詞

① 接続詞の that

that にはいろいろなはたらきがありますが、接続詞の that は、「〜ということ」の意味を表し、その後の〈主語＋動詞〉の部分をくくりまとめるはたらきをする従位接続詞になります。このとき、that 節（that が導く主語と動詞を含む部分）は、名詞と同じはたらきをし、前の動詞の目的語になっています。

<u>I know</u> <u>that Haruka likes English.</u>
主語 動詞 接続詞　　　　　目的語
└──┘
〔主節〕　　　　　　　　　〔従属節〕

(はるかが英語が好きだということを、私は知っている。)

　「主語＋動詞」の組み合わせを「節」というのですが、上の例文での、I know はこの文全体の中心となる主な節ですので、これを「主節」と呼びます。これに対して、that 以下の部分は Haruka likes という「主語＋動詞」、つまり「節」があるのですが、これは文全体から見ると目的語のはたらきをしていて文の一部にすぎないので、これを「従属節」といいます。前にも出てきた、少し難しい言い方ですが、この「主節」「従属節」ということばを覚えておいてください。

　さて、このような文の形をとる動詞は、次のようなものです。覚えておきましょう。
　① know that ～　(～だと知っている)
　② say that ～　(～だと言う)
　③ think that ～　(～だと思う)
　④ hope that ～　(～だといいと思う)
　⑤ hear that ～　(～だと聞いている)

　また、この接続詞の that は省略することができますので、上のような動詞があってあとに主語＋動詞と続いている場合は、接続詞の that が省略されているのではないかと考えてください。

② that 節を含む文の否定文・疑問文

　接続詞 that を含む文(従属節)では、その that が導く部分は文の一部でしかありませんので、それよりも前にある主語と動詞(主節)が、その文全体の主語・動詞になります。ですから、否定文や疑問文をつくるときは、その主節の主語・動詞で考えてください。

(1) 否定文 → I don't think (that) he is an American.
　　　　　　（彼はアメリカ人ではないと思います）
(2) 疑問文 → Do you think (that) he is an American?
　　　　　　（彼はアメリカ人だと思いますか）

③　時制の一致

「時制の一致」とは、なにやら難しそうなことばですが、かんたんにいうと、「主節が過去のときは従属節も過去になる」ということです。具体的に例文を示すと次のようになります。

① Tom says that he has a lot of books.
　　〔主節〕　　　〔従属節〕
（トムは、たくさん本を持っていると言います。）

② Tom said that he had a lot of books.
　　　過去　　　　　過去
　　〔主節〕　　　〔従属節〕
（トムは、たくさん本を持っていると言いました。）

　上の例文②は例文①を過去にしたものです。Tom said が主節、he had が従属節です。つまり、主節の動詞が say の過去形 said になっているので、従属節の動詞も has の過去形の had になるということが、この例文での時制の一致です。

　しかし、このとき日本語訳に注意してください。従属節の動詞が had なので、「トムは、たくさん本を持っていたと言った。」と訳してはいけません。ここが日本語と英語の違うところです。英語では、主節でも従属節でも、同じ時点の過去のことは過去形で言うのです。この例文でいうと、said と had の表す過去の時間は同じなのです。つまり、「言った」時点では、トムは「たくさん本を持っている」のです。ですから例文の訳のよ

うに「持っていると言った」という訳になります。しかし、日本語で「持っていたと言った。」と訳すと、「言った」過去の時点よりももっと前の過去において「たくさん本を持っていた」ということになります。例文の英語は、そういう意味ではありません。ここに注意することが時制の一致では大切なところです。覚えておきましょう。

　それでは、実際、「たくさん本を持っていたと言った」と言うときは英語ではどういうのだろうと、疑問に思われた方もおられるでしょうが、このときは、従属節の動詞を「過去完了」という形にすることになります。しかし、これは高校内容になりますので、ここではこれ以上述べません。興味がある方は、高校の参考書などで確認してください。時制に関しては高校でもっと詳しく学習しますので、本当のところまで理解しようとするとそこまで足を踏み込まないといけないのですが、中学内容では、とりあえず「時制の一致」というものがどういうものか、今ここで述べたことを理解しておけば十分でしょう。

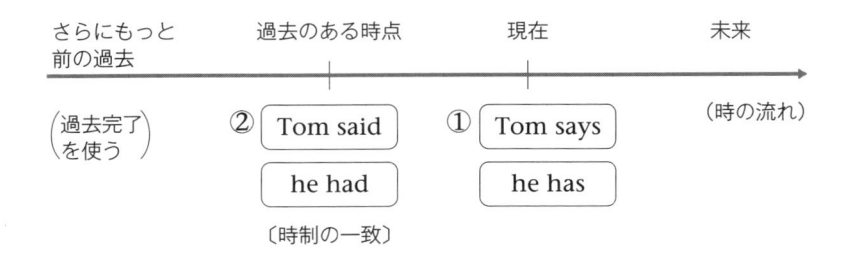

さらにもっと前の過去	過去のある時点	現在	未来
（過去完了を使う）	② Tom said / he had	① Tom says / he has	（時の流れ）

〔時制の一致〕

④　be ＋形容詞＋ that ～の文

　接続詞の that を使った、覚えておくべき〈be ＋形容詞＋ that〉の表現は次のようなものです。

(1)　be sure（that）～　　「きっと～だと思う」
　　 I am sure that he will win.
　　（きっと彼が勝つと私は思う。）

(2) be afraid (that) ~　「~ではないかと心配する」
　　She is afraid that she may make a mistake.
　　（彼女は、ミスをするのではないかと心配している。）

(3) be sorry (that) ~　「~して残念だ」
　　I am sorry that I missed the train.
　　（その電車に乗りそこねて、私は残念です。）

⑤　連語の接続詞

　覚えておくべき重要な連語の接続詞は、以下のようなものです。

(1) so ~ that …　「とても~なので…」
　　He was so hungry that he couldn't run.
　　（彼はとても空腹だったので、走れなかった。）
　この連語では、〈so ~ that … can't …〉のとき、〈too ~ to …〉に書き換えられることに注意してください。
　　I am so tired that I can't run.
　　（私はとても疲れているので、走れません。）
　⇔ I am too tired to run.
　　（私はあまりに疲れすぎていて、走れません。）

(2) as soon as ~　「~するとすぐに」
　　As soon as she looked at me, she ran away.
　　（彼女は私を見るとすぐに、走り去った。）

(3) both ~ and …　「~と…の両方とも」
　　He had both a car and a house.
　　（彼は、車も家も両方とも持っていた。）

(4) either ~ or …　「~か…のどちらか」
　　I will give you either a pen or a pencil.
　　(私はあなたに、ペンかえんぴつのどちらかをあげましょう。)

(5) between ~ and …　「~と…の間に」
　　We can see apples between bananas and oranges.
　　(バナナとオレンジの間に、リンゴが私たちは見えます。)

(6) as ~ as … can　「できるだけ~」
　　She swam as fast as she could.
　　(彼女は、できるだけ速く泳いだ。)

CHECK 10　前置詞

「前置詞」にはいろんな熟語が含まれています。忘れているものがないか、チェックしてみましょう。

チェックテスト

1 次の文を日本語にしなさい。

(1) The book on the desk is mine.
　　(　　　　　　　　　　　　　　　　　　　　　　　　　)
(2) The cup on the table was broken by Ken.
　　(　　　　　　　　　　　　　　　　　　　　　　　　　)

2 次の日本語に合うように適語を(　)に入れなさい。

(1) 7時30分に　　　　(　　　) seven thirty
(2) 月曜日に　　　　　(　　　) Monday
(3) 7月5日に　　　　(　　　) July 5
(4) 9月に　　　　　　(　　　) September
(5) 冬に　　　　　　　(　　　) winter
(6) 2011年に　　　　(　　　) 2011
(7) 正午に　　　　　　(　　　) noon
(8) 夕食のあとに　　　(　　　) dinner
(9) 11時までに　　　(　　　) eleven o'clock
(10) 明日の朝まで(ずっと)　(　　　) tomorrow morning
(11) 3年間　　　　　　(　　　) three years
(12) 夏休みの間　　　　(　　　) the summer vacation
(13) 午後に　　　　　　(　　　) the afternoon
(14) 水曜日の午前中に　(　　　) Wednesday morning

3 次の日本語に合うように適語を( )に入れなさい。

(1) 駅で　　　　　　　(　　　　　) the station
(2) 大阪で　　　　　　(　　　　　) Osaka
(3) 机の上に　　　　　(　　　　　) the desk
(4) 木の下に　　　　　(　　　　　) the tree
(5) 公園の近くに　　　(　　　　　) the park
(6) 川のそばに　　　　(　　　　　) the river
(7) あなたと私の間に　(　　　　　) you (　　　　　) me
(8) 彼らの間に　　　　(　　　　　) them
(9) 家のまわりに　　　(　　　　　) the house
(10) 家から駅まで　(　　　　) the house (　　　　) the station

4 次の日本語に合うように適語を( )に入れなさい。

(1) トムといっしょに　(　　　　　) Tom
(2) バスで　　　　　　(　　　　　) bus
(3) 私のために　　　　(　　　　　) me
(4) 私の家族の写真　a picture (　　　　　) my family
(5) 一言もいわずに　　(　　　　　) saying a word
(6) 英語で　　　　　　(　　　　　) English
(7) 日本の歴史について(　　　　　) Japanese history
(8) 私の母のように　　(　　　　　) my mother

5 次の日本語に合う英語になるように、( )に適語を書きなさい。

(1) ケンは、ドアの前に立っています。
　　Ken is standing (　　　) (　　　) (　　　) the door.
(2) ケンは、彼の部屋で本を読んでいます。
　　Ken is reading a book (　　　) his room.
(3) はるかは、彼女の部屋の中へ入ってきた。
　　Haruka came (　　　) her room.

10 前置詞

(4) さやかは、彼女の部屋から出て行った。
　　Sayaka went (　　　) (　　　) her room.
(5) トムは、木のうしろに隠れています。
　　Tom is hiding (　　　) the tree.

6 次の日本語に合うように、(　)に適する前置詞を書きなさい。

(1) 私たちは、ラジオを聞いていました。
　　We were listening (　　　) the radio.
(2) 彼らは、電車に乗りました。
　　They got (　　　) the train.
(3) 彼は、友だちを待っていました。
　　He was waiting (　　　) his friend.
(4) バスが、バス停に着きました。
　　The bus arrived (　　　) the bus stop.
(5) 私は、その子どもをさがしました。
　　I looked (　　　) the child.
(6) 彼女は、時計を見ました。
　　She looked (　　　) her watch.
(7) すぐに彼女は、彼に手紙を書きました。
　　She wrote (　　　) him soon.

7 次の日本語に合うように、(　)に適する前置詞を書きなさい。

(1) ルーシーは昨日、学校を欠席しました。
　　Lucy was absent (　　　) school yesterday.
(2) はるかのバッグは、さやかのとは違っている。
　　Hruka's bag is different (　　　) Sayaka's.
(3) 私たちの都市は、美しい公園で有名です。
　　Our city is famous (　　　) its beautiful parks.
(4) 友子は、大きな鳥が怖い。
　　Tomoko is afraid (　　　) big birds.

(5) 今日、彼女は学校に遅れました。
She was late (　　　) school today.

(6) その公園は、人でいっぱいでした。
The park was full (　　　) people.

(7) 彼は、テニスが得意ですか。
Is he good (　　　) tennis?

(8) 私の娘は、音楽に興味がある。
My daughter is interested (　　　) music.

8 次の日本語に合うように、(　)に適する前置詞を書きなさい。

(1) 私は、初めて北海道を訪れました。
I visited Hokkaido (　　　) the first time.

(2) 彼は公園へ行く途中、はるかに会いました。
He met Haruka (　　　) his way to the park.

(3) 最初、それは簡単だった。
(　　　) first it was easy.

(4) すぐに、それをやめなさい。
Stop it (　　　) once.

(5) ついに、彼は宿題をやり終えました。
(　　　) last he finished doing his homework.

> 解答

1 (1) 机の上のその本は、私のものです。
　　(2) テーブルの上のカップは、トムにこわされました。

2 (1) at　(2) on　(3) on　(4) in　(5) in
　　(6) in　(7) at　(8) after　(9) by
　　(10) till〔until〕　(11) for　(12) during　(13) in
　　(14) on

3 (1) at　(2) in　(3) on　(4) under
　　(5) near　(6) by　(7) between and
　　(8) among　(9) around　(10) from to

4 (1) with　(2) by　(3) for　(4) of
　　(5) without　(6) in　(7) about　(8) like

🈁ここまで **1** 問でも間違いがあれば、要点の確認 **1** でチェック。内容が理解できていないようなら、さらに詳しい解説 **1** へ。

---

5 (1) in front of　(2) in　(3) into　(4) out of
　　(5) behind

6 (1) to　(2) on　(3) for　(4) at
　　(5) for　(6) at　(7) to

7 (1) from　(2) from　(3) for　(4) of
　　(5) for　(6) of　(7) at　(8) in

8 (1) for　(2) on　(3) At　(4) at　(5) At

🈁ここまで **1** 問でも間違いがあれば、要点の確認 **2** でチェック。内容が理解できていないようなら、さらに詳しい解説 **2** へ。

▶▶▶ 要点の確認

[CHECK 10　前置詞]

以下のそれぞれの要点を見て内容が思い出せればOK。わからなかったり、あやふやだったりしたら、〔詳しい解説〕の該当箇所を読みましょう。

1　前置詞の基本的な用法

- □ ①動詞を修飾　②名詞を修飾
- □ 時を表す前置詞
  at、on、in、before、after、by、until〔till〕、for、during
- □ 場所・方向を表す前置詞
  at、in、on、over、under、near、by、between、among、around、from、to
- □ その他の重要な前置詞
  with、by、for、of、without、in、about、like

2　前置詞と連語

- □ 前置詞のはたらきをする連語
  out of ～、in front of ～
- □ 動詞のはたらきをする連語
  〈動詞＋前置詞など〉
  　listen to ～、look at ～、look for ～、look after ～、
  　wait for ～、get to ～、arrive at〔in〕～、get on ～、
  　get off ～、write to ～、hear from ～
  〈be 動詞＋形容詞＋前置詞〉
  　be interested in ～、be good at ～、be different from ～、
  　be famous for ～、be late for ～、be fond of ～、
  　be afraid of ～、be absent from ～、be full of ～、
  　be filled with ～
- □ 副詞のはたらきをする連語
  at last、after all、at first、at once、for the first time、
  in time、on time、for example、by the way、on one's way to ～

[CHECK 10　前置詞]

詳しい解説

1 前置詞の基本的な用法

① 前置詞のはたらき

　前置詞は、おもに〈前置詞＋(代)名詞〉でひとまとまりとなり、動詞を修飾したり、名詞を後ろから修飾したりします。前置詞のあとに代名詞がくるときは、目的格にすることになります。

① I came home <u>at six</u> yesterday.〔動詞を修飾〕
（私は、昨日6時に帰宅しました。）
② The book <u>on the desk</u> is my father's.〔名詞を修飾〕
（机の上の本は、私の父のです。）

　上の例文①では、**at six**（6時に）が、**came home**（帰宅した）を修飾しています。つまり、前置詞の部分が、動詞の部分を説明しているのです。例文②では、**on the desk**（机の上の）が、**The book**（本）を修飾しています。つまり、前置詞の部分が、前の名詞を説明しているのです。この前の名詞を修飾する文を、特に注意してください。ここを正しく訳せなかったりしますので、係り方を忘れないようにしましょう。

② 時を表す前置詞

　「時」に関して前置詞を整理すると、下のようになります。

(1) at、on、in
　　時に関しては、この3つが基本になります。いずれも「～に」の意味になりますが、基本的には、**at** は時刻、**on** は日付や曜日、**in** は週・月・季節・年などに使います。

〔例〕 <u>at</u> five（5時に）、<u>on</u> Sunday（日曜日に）、<u>in</u> April（4月に）

ただし、「午前中に」は、**in** the morning で **in** を使います。しかし、「日曜日の午前中に」と曜日が入ってくると、**on** Sunday morning として **on** を使います。ここらへんは、それぞれに覚えておくしかありません。

(2) before、after

before は「～の前に」、after は「～のあとに」の意味になります。

〔例〕 <u>before</u> dinner（夕食の前に）、<u>after</u> dinner（夕食のあとに）

(3) by、until〔till〕

by は、ある動作が完了する期限を表して「～までに」の意味になります。**until**〔**till**〕は継続する動作の終了時を表して「～まで（ずっと）」という意味になります。

(4) for、during

いずれも「～の間」の意味で期間を表しますが、**for** のあとには、時間や日数などを表す語句が続き、**during** のあとには、「夏休み」や「修学旅行」などの特定の期間を表す語句が続きます。

〔例〕 <u>for</u> two days（2日間）
　　　<u>during</u> the winter vacation（冬休みの間）

③ 場所・方向を表す前置詞

「場所・方向」に関して前置詞をまとめると、次のようになります。

(1) at、in

at は、「～で」と、比較的狭い場所、場所の一点を表すのに使います。**in** は、「～(の中)で」と、比較的広い場所、区域を表すのに使います。この「比較的狭い場所」「比較的広い場所」には、厳密な区別は実はありません。話す人や書く人の感覚になってくるようです。しかし、

基本的には下の例のように、「駅」ぐらいなら at、「東京」ぐらいになると in に通常はなります。
　　〔例〕<u>at</u> home（家で）、<u>at</u> the station（駅で）
　　　　　<u>in</u> Tokyo（東京で）、<u>in</u> Japan（日本で）

(2) on、over、under
　　on は、「～の上に」とよく訳したりしますが、「あるものに接して」というのが基本の意味です。ですから、側面や下側に接触している場合も on を使いますので注意してください。over は、離れて「～の(真)上に」、under は over の反意語で「～の(真)下に」という意味になります。
　　〔例〕<u>on</u> the wall（壁に〔壁に接して〕）
　　　　　<u>over</u> the mountain（山の上に）

(3) near、by
　　near は、「～の近くに」、by は「～のそばに」という意味です。
　　〔例〕<u>near</u> my house（私の家の近くに）、<u>by</u> me（私のそばに）

(4) between、among、around
　　between は、2 つのものの「間に」、among は 3 つ以上のものの「間に」、around は「～のまわりに」の意味です。
　　〔例〕<u>between</u> you and me（あなたと私の間に）
　　　　　<u>among</u> young people（若い人たちの間で）
　　　　　<u>around</u> the table（テーブルのまわりに）

(5) from、to
　　from は、起点を表して「～から」、to は到着点を表して「～まで、～へ」の意味です。
　　〔例〕<u>from</u> here <u>to</u> the station（ここから駅まで）

④ その他の重要な前置詞

その他重要な前置詞は、次のようになります。

(1) with ~ 　「~といっしょに」
　　　　　　　〔例〕with you（あなたといっしょに）
(2) by ~ 　「(手段・方法を表して)~によって、~で」
　　　　　　　〔例〕by car（車で）
(3) for ~ 　「~のために」〔例〕for me（私のために）
(4) of ~ 　「~の」　〔例〕the leg of the table（テーブルの脚）
(5) without ~ 　「~なしで」
　　　　　　　〔例〕without your help（あなたの助けなしで）
(6) in ~ 　「(言語など)で」　〔例〕in Japanese（日本語で）
(7) about ~ 　「~について」
　　　　　　　〔例〕about your family（あなたの家族について）
(8) like ~ 　「~のような」　〔例〕like me（私のような）

2 前置詞と連語

① 前置詞のはたらきをする連語

次のような、2語以上がまとまって1つの前置詞と同じはたらきをするものもあります。

(1) out of ~ 「~の外へ」
　　〔例〕out of the room（部屋の外へ）
(2) in front of ~ 「~の前に」
　　〔例〕in front of the hospital（病院の前に）

この in front of は、ふつう場所について「~の前に」のときに使い、時間について「~の前に」をいうときは、before を使います。「(場所が)

〜の後ろに」は、behind になります。

　［場所］in front of the hospital（病院の前に）
　　　　　behind the hospital（病院の後ろに）
　［時間］before lunch（昼食の前に）
　　　　　after lunch（昼食の後に）

② 動詞のはたらきをする連語

　動詞のはたらきをする連語は、以下のようなものです。何回か紙に書いたりして一つでも多く頭の中に入れてください。

(1)〈動詞＋前置詞など〉
　① listen to 〜「〜を聞く」
　② look at 〜「〜を見る」
　③ look for 〜「〜をさがす」
　④ look after 〜「〜の世話をする」（＝ take care of 〜）
　⑤ wait for 〜「〜を待つ」
　⑥ get to 〜「〜に着く」（＝ reach）
　⑦ arrive at〔in〕〜「〜に着く」（＝ reach）
　⑧ get on 〜「〔バスなど〕に乗る」
　⑨ get off 〜「〔バスなど〕から降りる」
　⑩ write to 〜「〜に手紙を書く」
　⑪ hear from 〜「〜から便りをもらう」

(2)〈be 動詞＋形容詞＋前置詞〉
　① be interested in 〜「〜に興味がある」
　② be good at 〜「〜が上手だ、〜が得意だ」
　③ be different from 〜「〜と違う」
　④ be famous for 〜「〜で有名だ」
　⑤ be late for 〜「〜に遅れる」
　⑥ be fond of 〜「〜が好きだ」

⑦　be afraid of ~「~を恐れる」
⑧　be absent from ~「~を欠席する」
⑨　be full of ~「~でいっぱいだ」
⑩　be filled with ~「~でいっぱいだ」

③　副詞のはたらきをする連語

副詞のはたらきをする連語は、次のようなものを覚えておきましょう。

① at last「ついに」　　　　　② after all「結局」
③ at first「最初は」　　　　　④ at once「すぐに」
⑤ for the first time「初めて」　⑥ in time「間に合って」
⑦ on time「時間通りに」　　　⑧ for example「例えば」
⑨ by the way「ところで」
⑩ on one's way to ~「~へ行く途中で」

⑩の on one's way to ~ の one's というのは、所有格を表しています。ですから、主語がIの文なら、下の例文のように、my にすることに注意してください。

　　I met her on my way home.
　（私は家に帰る途中で、彼女に会った。）

CHECK 11 不定詞を含む重要表現

「不定詞を含む重要表現」は、英文を読む上で不可欠なところです。忘れている構文などがないか、確認してみましょう。

チェックテスト

1 次の日本語に合うように(　)に適する英語を入れなさい。

(1) 数学を勉強することは、大切です。
　　(　　) is important (　　　) study math.
(2) テレビを見ることは、おもしろいですか。
　　(　　) (　　　) interesting (　　　) watch TV ?
(3) ギターを弾くことは、簡単でした。
　　(　　) (　　　) easy (　　　) play the guitar.

2 次の日本語に合うように(　)に適する英語を入れなさい。

(1) 彼女にとって早く起きることは、簡単です。
　　(　　) is easy (　　　) her (　　　) get up early.
(2) あなたにとって、ギターを弾くことは楽しかったですか。
　　(　　) (　　　) fun (　　　) you (　　　) play the guitar?
(3) マイクにとってその本を読むことは、難しくなかった。
　　(　　) (　　　) difficult (　　　) Mike (　　　) read the book.

3 次の日本語に合うように(　)に適する英語を入れなさい。

(1) トムは、ピアノの弾きかたを知っている。
　　Tom knows (　　　) (　　　) play the piano.
(2) 彼女に何を買えばいいのか、彼はわからなかった。
　　He didn't know (　　　) (　　　) buy for her.

(3) いつ出発したらいいのか、私に教えてくれませんか。
　　Will you tell me (　　　) (　　　) start?
(4) どこで野球をしたらいいのか、どうぞ私たちに教えてください。
　　Please tell us (　　　) (　　　) play baseball.
(5) マイクは、どちらを買えばいいのかわからなかった。
　　Mike didn't know (　　　) (　　　) buy.
(6) 何の本を読めばいいのか、あなたは知っていますか。
　　Do you know (　　　) (　　　) (　　　) read?
(7) どちらの道を取ったらいいのか、彼女はわからなかった。
　　She didn't know (　　　) (　　　) (　　　) take.

4 次の日本語に合うように( )に適する英語を入れなさい。

(1) 母は、私に一生懸命に英語を勉強するよう言います。
　　Mother (　　　) me (　　　) study English hard.
(2) 私は、トムにお皿を洗うよう頼みました。
　　I (　　　) Tom (　　　) wash the dishes.
(3) 私は、あなたに私の家に来てほしい。
　　I (　　　) (　　　) (　　　) come to my house.

5 上の文を①( )に適語を入れて書き換え、②それを日本語にしなさい。

(1) Tom said to his father, "Give me some money."
　　① Tom (　　　) his father (　　　) (　　　) him some money.
　　② (　　　　　　　　　　　　　　　　　　　　　　　　)
(2) Tom said to his mother, "Please cook dinner."
　　① Tom (　　　) his mother (　　　) (　　　) dinner.
　　② (　　　　　　　　　　　　　　　　　　　　　　　　)

6 次の日本語に合うように( )に適する英語を入れなさい。

(1) 私はあまりに忙しすぎて、野球をすることができない。
　　I am (　　　) (　　　) (　　　) play baseball.

(2) この本はあまりに難しすぎて、私には読めない。
This book is (　　　) (　　　　) (　　　　) me (　　　) read.

(3) 彼女は、私に道を教えるくらい十分親切でした。
She was (　　　　) (　　　　) (　　　　) show me the way.

7 上の文を①(　)に適語を入れて書き換え、②それを日本語にしなさい。

(1) He is too busy to play baseball with us.
① He is (　) (　　) (　　) he (　　) (　　) baseball with us.
② (　　　　　　　　　　　　　　　　　　　　　　　)

(2) She is rich enough to travel around the world.
① She is (　　) (　　) (　　) she (　　) (　　) around the world.
② (　　　　　　　　　　　　　　　　　　　　　　　)

解答

1 (1) It　to　　(2) Is it　to　　(3) It was　to
2 (1) It　for　to　　(2) Was it　for　to
　　(3) It wasn't　for　to
3 (1) how to　(2) what to　(3) when to　(4) where to
　　(5) which to　(6) what book to　(7) which way to

➡ここまで1問でも間違いがあれば、要点の確認 1 でチェック。内容が理解できていないようなら、さらに詳しい解説 1 へ。

4 (1) tells　to　　(2) asked　to　　(1) want you to
5 (1) ① told　to give
　　　② トムは父親に、いくらかお金をくれるようにと言いました。
　(2) ① asked　to cook
　　　② トムは、母親に夕食を料理するよう頼んだ。

➡ここまで1問でも間違いがあれば、要点の確認 2 でチェック。内容が理解できていないようなら、さらに詳しい解説 2 へ。

6 (1) too busy to　(2) too difficult for　to　(3) kind enough to
7 (1) ① so busy that　can't play
　　　② 彼はとても忙しいので、私たちと野球をすることができません。
　(2) ① so rich that　can travel
　　　② 彼女はとてもお金持ちなので、世界中を旅行することができます。

➡ここまで1問でも間違いがあれば、要点の確認 3 でチェック。内容が理解できていないようなら、さらに詳しい解説 3 へ。

11 不定詞を含む重要表現

[CHECK 11　不定詞を含む重要表現]

▶▶▶ **要点の確認**

以下のそれぞれの要点を見て内容が思い出せればOK。わからなかったり、あやふやだったりしたら、〔詳しい解説〕の該当箇所を読みましょう。

1　It ~ （for －）to …、疑問詞＋ to ~

- □ 〈It ~ to ＋動詞の原形…〉「…することは~です」
- □ 〈It ~ for － to ＋動詞の原形….〉
 「－が…するのは~です」「－にとって…するのは~です」
- □ 〈疑問詞＋ to ＋動詞の原形〉
 how to ~、what to ~、when to ~、where to ~、which to ~
 what ＋名詞＋ to ~、which ＋名詞＋ to ~
- □ 動詞＋（人）＋疑問詞＋ to ~

2　tell〔ask, want〕 ~ to …

- □ 〈tell ~ to ＋動詞の原形〉「~に…するように言う」
- □ 〈ask ~ to ＋動詞の原形〉「~に…するように頼む」
- □ 〈want ~ to ＋動詞の原形〉「~に…してほしい」

3　too ~ to …, enough to ~

- □ 〈too ＋形容詞（副詞）＋ to ＋動詞の原形〉
 「…するには、あまりにも~すぎる」
 「あまりにも~すぎて、…できない」
- □ 〈too ＋形容詞（副詞）＋ for ＋（人）＋ to ＋動詞の原形〉
 「（人）が…するにはあまりにも~すぎる」
 「あまりにも~すぎて、（人）には…できない」
- □ 〈too ~ （for －）to …〉⇔〈so ~ that － can't …〉
- □ 〈形容詞＋ enough to ＋動詞の原形〉
 「~するのに十分…だ」「十分…なので~できる」

- □ 〈enough to ~〉⇔〈so … that - can ~〉
- □ 〈形容詞＋ enough for - to ＋動詞の原形〉
  「-が~するには十分…だ」「十分…なので-は~できる」

[CHECK 11 不定詞を含む重要表現]

詳しい解説

1 It ～ (for －) to …、疑問詞 + to ～

① It ～ to ＋動詞の原形….

〈It ～ to ＋動詞の原形…〉という英語の形で、「…することは～です」という意味になります。

① <u>It</u> is important <u>to study English</u>.
　形式上の主語　　　　　意味上の主語
（英語を勉強することは、大切です。）

たとえば、上のような例文になるのですが、この文の主語の It は to 以下をさす形式上の主語で、日本語にするときに「それは」とは訳しません。意味の上で本当の主語になるのは to 以下の部分です。ここから訳して「…することは～です」としてください。

この英文は、下の例文②のように不定詞を主語にしてもかまわないのですが、to 以下の部分が長い場合は文の体裁をよくするために、上のような形式上の主語 It を使って表すのがふつうです。

② <u>To study English</u> is important.
（英語を勉強することは、大切です。）

② It ～ for － to ＋動詞の原形….

〈It ～ to ….〉の文で、to 以下の動作をする人をはっきりさせたいときは、to の前に〈for ＋(人)〉を置きます。〈It ～ for － to ＋動詞の原形….〉で「－が…するのは～です」「－にとって…するのは～です」の意味になります。

It is easy to play tennls.（テニスをするのは、かんたんです。）
It is easy for me to play tennis.
（私にとって、テニスをするのはかんたんです。）

　for のあとに代名詞がくる場合は、me や him のような目的格にすることに注意してください。名詞の場合は、そのままの形でおくことになります。

③　It ～ for ― to …. の否定文、疑問文

　この〈It ～ for ― to ＋動詞の原形….〉の文は、It is ～のところが形の上では文の主語・動詞になりますので、ここで否定文・疑問文をつくることになります。

(1)　否定文… be 動詞のあとに not を入れる。
　　It is not easy for me to play tennis.
　　（私にとってテニスをすることは、簡単ではない。）

(2)　疑問文… be 動詞を it の前に出す。
　　Is it easy for you to play tennis?
　　（あなたにとって、テニスをすることは簡単ですか。）

④　疑問詞＋ to ～

　〈疑問詞＋ to ＋動詞の原形〉には、次のようなものがあります。すべて覚えることが必要です。

［いろいろな〈疑問詞＋ to ～〉の表現］
　① how to ～　　「どのように～したらよいのか、～のしかた、方法」
　② what to ～　　「何を～したらよいのか」
　③ when to ～　　「いつ～したらよいのか」
　④ where to ～　　「どこへ［で］～したらよいのか」
　⑤ which to ～　　「どちらを～したらよいのか」

これらを動詞とつなげて、**how to play the guitar**（ギターの弾き方）、**what to do**（何をしたらよいのか）、**when to start**（いつ出発したらよいのか）、**where to go**（どこへ行ったらよいのか）、**which to read**（どちらを読めばいいのか）などとなります。

　また、**what** と **which** には、次の形もありますので、これも覚えてください。

⑥　what ＋名詞＋ to ～　　「何の…を～したらよいのか」
⑦　which ＋名詞＋ to ～　　「どちらの…を～したらよいのか」

　これらは、**what fruit to eat**（何の果物を食べたらいいのか）や、**which car to drive**（どちらの車を運転したらよいのか）などとなります。
　以上述べたこうした表現が、動詞の目的語などの文の一部になって、下のような文をつくります。

　　I know how to play the guitar.
　　（ギターの弾き方を、私は知っています。）

　文の一部になっても、そこを見抜いてしっかりと意味をつかめるようにしておくことが大切になります。

⑤　動詞＋(人)＋疑問詞＋ to ～

　文型のところで学習したように、teach, tell, show などの動詞は目的語を2つとることができますが、この文型の中で、〈疑問詞＋ to ～〉を、「～を」にあたる2番目の目的語にすることができます。

　　Please teach me how to play the guitar.
　　　　　　動詞　目的語　　　目的語
　　　　　　　　（～に）　　　（～を）
　　（どうぞ私に、ギターの弾き方を教えてください。）

なお、teach は「(教科、技術など)を教える」、tell は「(言葉で)〜を教える」、show は「(図などで)〜を教える」と少し意味に違いがあることに注意してください。

2 tell〔ask, want〕〜 to …

〈tell〔ask, want〕+目的語+ to +動詞の原形…〉の重要表現は、それぞれの意味をしっかり覚えていくことが大切です。

① tell 〜 to …の文

〈tell 〜 to +動詞の原形〉は、「〜に…するように言う」の意味になります。

Mother told me to wash the dishes.
(母は、私にお皿を洗うようにと言った。)
I told him to study hard.
(私は彼に、一生懸命に勉強するようにと言った。)

tell のあとにくる目的語が代名詞のときは、目的格にすることに注意してください。

また、この文は、〈say to 〜 , "命令文"〉の形に書き換えられます。上の例文2つは、下のようになります。

Mother said to me, "Wash the dishes."
(お母さんは私に「皿を洗いなさい。」と言った。)
I said to him, "Study hard."
(私は彼に「一生懸命に勉強しなさい。」と言った。)

② ask ～ to…の文

〈ask ～ to ＋動詞の原形〉は、「～に…するように頼む」の意味になります。

 Mother asked me to wash the dishes.
 （母は、私にお皿を洗うように頼んだ。）
 I asked him to study hard.
 （私は彼に、一生懸命に勉強するように頼んだ。）

ask のあとにくる目的語が代名詞のときは、やはり目的格にします。

また、この文は、〈say to ～ ,"Please…."〉の形に書き換えられます。上の例文2つは、下のようになります。

 Mother said to me, "Please wash the dishes."
 （お母さんは私に「どうぞ皿を洗ってください。」と言った。）
 I said to him, "Please study hard."
 （私は彼に「どうぞ一生懸命に勉強してください。」と言った。）

加えて、この不定詞の to の前に not をおくと「…しないように」となります。つまり、〈tell［ask］＋目的語＋ not to…〉で、「～しないように言う［頼む］」となるのです。少し進んだ内容になりますが、不定詞を否定するときは to…の前に not を置くことになります。

 He told me not to go there.
 （彼は私に、そこへ行かないように言いました。）

③ want ～ to…の文

〈want ～ to ＋動詞の原形〉は、「～に…してほしい、～に…してもらいたい」の意味になります。

My mother wanted me to wash the dishes.
(母は、私にお皿を洗ってほしかった。)
I wanted him to study hard.
(私は、彼に一生懸命に勉強してほしかった。)

want のあとにくる目的語が代名詞のときは、やはり目的格にします。

不定詞の基本用法のところで学習した〈want to ~〉との違いは以下のようになります。

I want to play tennis.〔テニスをするのは、主語の「私」〕
(私は、テニスをしたい。)
I want you to play tennis.〔テニスをするのは、目的語の「あなた」〕
(私は、あなたにテニスをしてほしい。)

また、〈would like ~ to …〉も「~に…してもらいたい」の意味を表します。これは、〈want ~ to …〉よりもていねいな表現になります。

I would like you to play tennis.
(私は、あなたにテニスをしてもらいたいのですが。)

3　too ~ to …, enough to ~

① too ~ to …の文

〈too +形容詞（副詞）+ to +動詞の原形〉は、「…するには、あまりにも~すぎる、あまりにも~すぎて、…できない」の意味を表します。

She was too tired to study math.
(彼女はあまりに疲れすぎて、数学を勉強できませんでした。)
(彼女は、数学を勉強するにはあまりに疲れすぎていました。)

② too ～ for － to …の文

〈too ～ to …〉の不定詞 to の前に、〈for ＋（人）〉を入れて、〈too ＋ 形容詞（副詞）＋ for ＋（人）＋ to ＋動詞の原形〉にすると、「（人）が…するにはあまりにも～すぎる」「あまりにも～すぎて、（人）には…できない」の意味になります。〈for －〉は〈to …〉の動作を行う人を表して、代名詞のときは、やはり目的格を入れます。

  The bag was too heavy for him to carry.
         └─〔「運ぶ」動作を行う人を表す〕

（そのバッグは、彼が運ぶには重すぎました。）

③ too ～（for －）to …と so ～ that － can't …

〈too ～（for －）to …〉の文は、「あまりに～すぎて、（－は）…できない」という意味を表しますので、「とても～なので（－は）…できない」という意味の〈so ～ that － can't …〉の文に書き換えることができます。ただ、〈so ～ that …〉の文では、that は接続詞なので、そのあとに主語＋動詞が必要になります。例文②のように、主語を補うことに注意してください。

 ① I am too busy to play tennis with you.
   （私はあまりにいそがしすぎて、あなたとテニスができない。）
 ② I am so busy that I can't play tennis with you.
   （私はとても忙しいので、あなたとテニスをすることができない。）
   ※ that のあとに I を補っていることに注意。

さらに、〈too ～ for － to …〉から〈so ～ that － can't …〉に書き換えるとき、文尾に目的語を補わなければならない場合があることに注意してください。下の例文④では、接続詞 that のあとは、それだけで文が完結していないといけませんので、the book を受けた it を動詞 read のあとに補っておく必要があるのです。うっかりこれを忘れることがありますので、注意しましょう。

③　The book is too difficult for me to read.
　　（その本はあまりに難しすぎて、私には読めません。）
④　The book is so difficult that I can't read it.
　　（その本はとても難しいので、私には読めません。）

　また、過去の文では、〈so ～ that － can't…〉の can't は、下の例文⑥のように過去形の couldn't にすることにも注意が必要です。

⑤　The book was too difficult for me to read.
　　（その本はあまりに難しすぎて、私には読めませんでした。）
⑥　The book was so difficult that I couldn't read it.
　　（その本はとても難しかったので、私には読めませんでした。）

④　形容詞＋ enough to ＋動詞の原形～の文

　〈形容詞＋ enough to ＋動詞の原形〉は、「～するのに十分…だ、十分…なので～できる」の意味になります。この enough は、前の形容詞に係っています。

①　The man is rich enough to buy the house.

　　（その男の人は、その家を買うのに十分お金持ちです。）
　　（その男の人は十分お金持ちなので、その家を買うことができます。）

　また、この〈enough to ～〉の文は、下の例文②のように〈so … that － can ～〉の形で書き換えることができます。

②　The man is so rich that he can buy the house.
　　（その男の人はとてもお金持ちなので、その家を買うことができます。）

不定詞を含む重要表現

さらに、過去の文では、〈so … that － can ～〉の can は、過去形 could にすることに注意してください。

③　The man was rich enough to buy the house.
　　（その男の人は、その家を買うのに十分お金持ちでした。）
④　The man was so rich that he could buy the house.
　　（その男の人はとてもお金持ちだったので、その家を買えました。）

文の意味によっては、can は不要なときもありますので注意しましょう。

加えて、〈形容詞＋ enough for － to ＋動詞の原形〉という形もあります。これは、「－が～するには十分…だ」「十分…なので－は～できる」とい意味になります。

⑤　The question was easy enough for her to answer.
　　（その質問は十分簡単だったので、彼女は答えることができた。）
　　（その質問は、彼女が答えるには十分簡単だった。）

また、これを〈so … that ～〉の形で書き換えると次のようになります。

⑥　The question was so easy that she could answer it.

CHECK 12 関係代名詞

「関係代名詞」は英文を正しく理解する上でとても大切なところです。抜けているところはないか、チェックテストをやってみましょう。

チェックテスト

1 次の英語を日本語にしなさい。

(1) I know a girl who plays tennis very well.
（　　　　　　　　　　　　　　　　　　　）

(2) Do you know the young man who goes to college?
（　　　　　　　　　　　　　　　　　　　）

2 次の2文を① who を用いて1文に書き換え、②日本語にしなさい。

(1) You don't know the man.　　He uses the car every day.
①
② （　　　　　　　　　　　　　　　　　　　）

(2) The girl is my sister.　　　She is watching TV.
①
② （　　　　　　　　　　　　　　　　　　　）

3 次の英語を日本語にしなさい。

(1) I have a dog which can run very fast.
（　　　　　　　　　　　　　　　　　　　）

(2) She didn't buy the book which was written by Tom.
（　　　　　　　　　　　　　　　　　　　）

4 次の2文を① which を用いて1文に書き換え、②日本語にしなさい。

(1) She has a cat.　It can swim very well.
　① _____
　② (　　　　　　　　　　　　　　　　　　　　　　　　　　)

(2) This is a letter.　It was sent from Jane.
　① _____
　② (　　　　　　　　　　　　　　　　　　　　　　　　　　)

5 次の英語を日本語にしなさい。

(1) I know a girl that plays tennis very well.
　(　　　　　　　　　　　　　　　　　　　　　　　　　　)

(2) This is a bus that goes to Kyoto.
　(　　　　　　　　　　　　　　　　　　　　　　　　　　)

6 次の英語を日本語にしなさい。

(1) The computer which is always used by me is very useful.
　(　　　　　　　　　　　　　　　　　　　　　　　　　　)

(2) The bus that goes to Kyoto is late now.
　(　　　　　　　　　　　　　　　　　　　　　　　　　　)

7 2文を① who または which を用いて1文にし、②日本語にしなさい。

(1) Look at the house.　It stands on the hill.
　① _____
　② (　　　　　　　　　　　　　　　　　　　　　　　　　　)

(2) We have an aunt.　She has lived in Hokkaido for ten years.
　① _____
　② (　　　　　　　　　　　　　　　　　　　　　　　　　　)

8 次の英語を日本語にしなさい。

(1) The camera which my father bought last year is on that desk.
   (   )

(2) A lot of pictures that Tom took in Hawaii are very beautiful.
   (   )

9 ①that や which（両方可なら which）で1文にし、②日本語にしなさい。

(1) Look at the house.　They built it twenty years ago.
   ① _____
   ② (   )

(2) The boy was Jack.　We met him in the library.
   ① _____
   ② (   )

解答

1 (1) とても上手にテニスをする女の子を、私は知っています。
(2) 大学へ通うその若い男の人を、あなたは知っていますか。

2 (1) ① You don't know the man who uses the car every day.
② 毎日その車を使うその人を、あなたは知りません。
(2) ① The girl who is watching TV is my sister.
② テレビを見ているその女の子は、私の姉(妹)です。

▶ ここまで1問でも間違いがあれば、**要点の確認 1** でチェック。内容が理解できていないようなら、さらに**詳しい解説 1** へ。

3 (1) とても速く走れる犬を一匹、私は飼っている。
(2) トムによって書かれたその本を、彼女は買いませんでした。

4 (1) ① She has a cat which can swim very well.
② とても上手に泳げるネコを、彼女は飼っている。
(2) ① This is a letter which was sent from Jane.
② これは、ジェーンから送られた手紙です。

5 (1) とても上手にテニスをする女の子を、私は知っています。
(2) これは、京都に行くバスです。

6 (1) 私にいつも使われているそのコンピューターは、とても役に立ちます。
(2) 京都へ行くそのバスは、今、遅れています。

▶ ここまで1問でも間違いがあれば、**要点の確認 2** でチェック。内容が理解できていないようなら、さらに**詳しい解説 2** へ。

7 (1) ① Look at the house which stands on the hill.
② 丘の上に建っている家を見なさい。
(2) ① We have an aunt who has lived in Hokkaido for ten years.

②　10年間ずっと北海道に住んでいるおばさんが私たちにはいます。

▣ここまで1問でも間違いがあれば、要点の確認 1、2 でチェック。内容が理解できていないようなら、さらに詳しい解説 1、2 へ。

8 (1)　①　去年私の父が買ったカメラは、あの机の上にあります。
　　(2)　②　ハワイでトムが撮ったたくさんの写真は、とても美しい。
9 (1)　①　Look at the house which they built twenty years ago.
　　　　②　彼らが20年前に建てた家を見なさい。
　　(2)　①　The boy that we met in the library was Jack.
　　　　②　私たちが図書館で会ったその少年は、ジャックでした。

▣ここまで1問でも間違いがあれば、要点の確認 3 でチェック。内容が理解できていないようなら、さらに詳しい解説 3 へ。

12

関係代名詞

[CHECK 12　関係代名詞]

▶▶▶ **要点の確認**

以下のそれぞれの要点を見て内容が思い出せればOK。わからなかったり、あやふやだったりしたら、〔詳しい解説〕の該当箇所を読みましょう。

1　主格の who

- ☐ 関係代名詞は、文中の名詞を別の文で修飾するときに使う。
- ☐ 2つの文を結ぶ接続詞のはたらきと、代名詞のはたらきをする。
- ☐ 中学の内容で出てくる関係代名詞は、who, which, that。
- ☐ 先行詞が「人」のときは、関係代名詞は who を使う。
- ☐ 主格の関係代名詞…
  もともとの文で主語になっていた名詞を関係代名詞にしたもの。
  I know a girl who plays the piano very well.
- ☐ 文の主語を修飾する関係代名詞 who
  The girl who is singing a song is Tomoko.

2　主格の which, that

- ☐ which … 先行詞は「物・動物」
  This is a new bookstore which opened yesterday.
- ☐ that … 先行詞は「人」または「物・動物」
  I know a boy that likes tennis very much.
  I saw a car that was painted green.
- ☐ 文の主語を修飾する関係代名詞 which, that
  The dog which〔that〕is running around you is mine.

3　目的格の which, that

- ☐ 目的格の関係代名詞…
  もともとの文で目的語になっていた名詞を関係代名詞にしたもの。
  This is a picture which〔that〕I took in Okinawa.
- ☐ 主格の関係代名詞の文…〈先行詞＋関係代名詞＋動詞〉

- [ ] 目的格の関係代名詞の文…〈先行詞＋関係代名詞＋主語＋動詞〉
- [ ] 目的格の関係代名詞と先行詞
    - ・which　… 先行詞は「物・動物」
    - ・that　　… 先行詞は「人」または「物・動物」
- [ ] 目的格の関係代名詞は、省略できる。

[CHECK 12　関係代名詞]

詳しい解説

1　主格の who

①　関係代名詞

「関係代名詞」とは、文中の名詞を別の文で修飾するときに使います。2つの文を結ぶ接続詞のはたらきと、代名詞のはたらきをかねています。中学内容で出てくる関係代名詞としては、**who, which, that** があります。もうすでに疑問詞や代名詞として知っている単語ですが、使われ方が違いますので、注意してください。

①　I have a friend.（私には、友だちが一人います。）
②　He lives in Kyoto.（彼は、京都に住んでいます。）

たとえば、上のような2つの文があります。friend（友だち）と He（彼）は同じ人なので、「私には、京都に住んでいる友だちが一人います。」という意味の一つの文にするときに関係代名詞を下のように使います。

③　I have a friend who lives in Kyoto.

（私には、京都に住んでいる友だちが一人います。）

これは、まず例文②の He を関係代名詞 who に変えて、修飾しようとする friend の後に続けます。そうすると、後にある lives in Kyoto が friend に係って、「京都に住んでいる友だち」という意味になるのです。日本語では、「京都に住んでいる」が前に置かれて「友だち」に係りますが、英語では関係代名詞を使うと who lives in Kyoto が後ろから friend に係っていることに注意してください。日本語との語順の違いにまず慣れて、しっかり訳せることが大切です。

② 主格の関係代名詞 who

では、もう一度、下にある例文③を見てください。

③　I have a friend who lives in Kyoto.
　　（私には、京都に住んでいる友だちが一人います。）

このとき、この例文の friend のように、関係代名詞に続く部分で修飾される語を「先行詞」といいます。先に、関係代名詞には中学内容では who, which, that の3つがあると述べましたが、この先行詞が「人」のときは、関係代名詞は who を使うというきまりがあります。関係代名詞の which は「もの、動物」にしか使えません。ですから、この例文では which は使えません。that は先行詞が「人」でも「もの、動物」でも使うことができます。この例文では that で置き換えてもかまいません。

また、このとき who は、例文②のもともと主語であった He の代わりを果たしていますし、例文③の lives in Kyoto の部分に対しても主語の役割を果たしていますので、このようなものを、「主格の関係代名詞」といいます。

関係代名詞を使って2文を1文にするには、例文④⑤では次のような手順で行います。

④　I know a girl.
⑤　She plays the piano very well.

ⅰ．まず2文に共通する人(もの)を見つけます。この場合 girl と She になります。
ⅱ．共通する人(もの)のうち、代名詞の方を関係代名詞にします。この例文では、She を who にします。

ⅲ．関係代名詞にかえた部分を、もう一つの共通する人(もの)のあとに続けます。この例文では、who plays the piano very well を girl のあとに続けます。

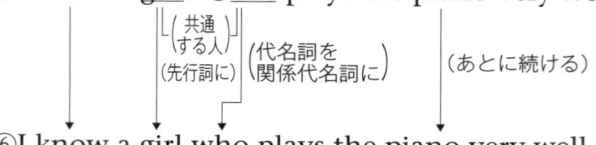

④I know a girl. ⑤She plays the piano very well.

(共通する人)(先行詞に) (代名詞を関係代名詞に) (あとに続ける)

⑥I know a girl who plays the piano very well.

以上のような手順で、次のようになります。

⑥　I know a girl who plays the piano very well.
　　（私は、ピアノをとても上手に弾く女の子を知っています。）

③　文の主語を修飾する関係代名詞 who

　関係代名詞が導く部分は、先行詞のすぐあとにきますので、その英文の主語に係る場合は、関係代名詞が導く部分が文中に入り込む形になります。この文の形が、なかなか最初わかりにくかったりしますので、訳し方などに特に注意してください。

The girl who is singing a song is Tomoko.
（歌を歌っているその少女は、友子です。）

　上の例文では、who is singing a song の部分が、前の girl に係っています。先行詞のあとに関係代名詞を続けることになりますので、主語に係るときはこのように文中に関係代名詞とそれに続く部分が入り込む形になります。この形に慣れて、しっかり正確に訳せるようになることが大切です。

　ちなみに、上の文は、次の2文に分けることができます。

The girl is Tomoko.（その少女は、友子です。）
She is singing a song.（彼女は、歌を歌っています。）

2 主格の which, that

① 主格の which

　関係代名詞 who と同じように、主格のはたらきをする関係代名詞に which があります。which は、先行詞が「物」や「動物」のときに使います。修飾のしかたは who と同じで、前の先行詞に係るように訳します。

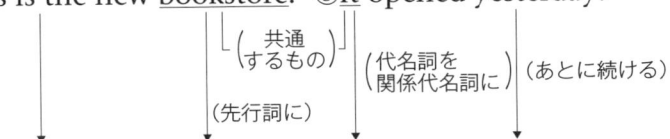

① This is the new <u>bookstore which</u> opened yesterday.

（これは、昨日開いた新しい本屋です。）

ちなみに、上の例文は下の 2 つの文に分けることができます。

② This is the new bookstore.（これは、新しい本屋です。）
③ It opened yesterday.（それは、昨日開きました。）

　この 2 文を関係代名詞を使って 1 文にするには、やはりまず共通するものを見つけてください。そして代名詞の方、この場合 It ですが、これを関係代名詞にかえて、もう一つの共通するもの（この場合 bookstore）のあとに続けます。

②This is the new <u>bookstore</u>.　③<u>It</u> opened yesterday.
（共通するもの）
（先行詞に）　（代名詞を関係代名詞に）　（あとに続ける）

①This is the new <u>bookstore</u> <u>which</u> opened yesterday.

② 主格の that

　主格の関係代名詞には who, which のほかに that があります。that は先行詞が「人」でも「物」や「動物」でも使えます。

〔先行詞が「人」〕
　　I know a boy that likes tennis very much.
　　（テニスがとても好きな少年を、私は知っている。）
　　（= I know a boy who likes tennis very much.）

ちなみに上の例文を 2 つの文に分けると次のようになります。

　　I know a boy.（私は一人の少年を知っている。）
　　He likes tennis very much.（彼はテニスがとても好きだ。）

〔先行詞が「物」〕
　　I saw a car that was painted green.
　　（緑色に塗られた車を、私は見た。）
　　（= I saw a car which was painted green.）

ちなみに上の例文を 2 つの文に分けると次のようになります。

　　I saw a car.（私は車を見た。）
　　It was painted green.（それは緑色に塗られていた。）

③ 文の主語を修飾する which や that

　who ～ の場合と同じように、which や that の導く部分が主語を修飾するために、下の例文のように文中に入り込む形になる場合があります。しっかり訳せるようにしておくことが必要です。

The dog which is running around you is mine.

（あなたのまわりを走り回っている犬は、私のです。）

ちなみに、上の例文は下の2つの文に分けることができます。

The dog is mine.（その犬は私のです。）
It is running around you.
（それは、あなたのまわりを走り回っています。）

ここで先行詞と主格の関係代名詞の関係をまとめると、次のようになります。

［主格の関係代名詞と先行詞］
　・who 　　… 先行詞は「人」
　・which 　… 先行詞は「物・動物」
　・that 　　… 先行詞は「人」または「物・動物」

また、これら主格の関係代名詞 who, which, that は、その導く部分の中で主語としてはたらきますので、すぐあとには動詞が続く形になります。これは、あとで出てくる目的格の関係代名詞と見分けるときに役立つ特徴なので、覚えておいてください。

3 目的格の which, that

① 目的格の関係代名詞

　今まで学習してきた「主格の関係代名詞」は、関係代名詞が導く部分では主語の役割を果たすものでした。ここからは、もともと目的語だった関係代名詞を学習します。

たとえば、下のような例文①②があります。

① This is a picture.（これは写真です。）
② I took it in Okinawa.（私は、それを沖縄で撮りました。）

この2つの例文を関係代名詞を使って1つの文にするには、

ⅰ．まず2文に共通する人(もの)を見つけます。この場合 picture と it になります。
ⅱ．共通する人(もの)のうち、代名詞の方を関係代名詞にします。この例文では、it を which にします。
ⅲ．関係代名詞にかえた部分をその先頭に持ってきて、もう一つの共通する人(もの)のあとに続けます。この例文では、which I took in Okinawa として、それを picture のあとに続けます。

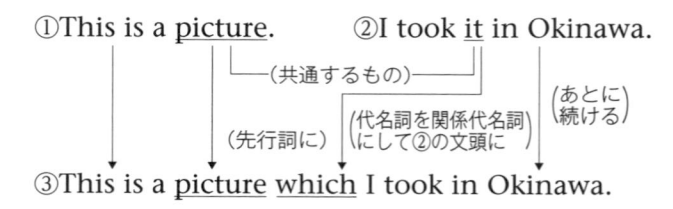

①This is a <u>picture</u>.　②I took <u>it</u> in Okinawa.
└──(共通するもの)──┘
(先行詞に)　(代名詞を関係代名詞)　(あとに)
　　　　　　(にして②の文頭に)　(続ける)
③This is a <u>picture</u> <u>which</u> I took in Okinawa.

以上のような手順で、下のようになります。

　　This is a picture which I took in Okinawa.
　　（これは、私が沖縄で撮った写真です。）

ここでのポイントは、関係代名詞にする例文②の it は、その例文の中では主語ではなく、動詞のあとに置かれる目的語だということです。こうした目的語を関係代名詞にするには、中学内容では、which と that になります。また、このような関係代名詞を「目的格の関係代名詞」といいます。

また、もう1つ大事なポイントは、目的格の関係代名詞では、そのあとに〈主語＋動詞〉があるということです。
　もともと、目的語のある文は、〈主語＋動詞＋目的語〉という語順になっているのですが、この目的語を関係代名詞にかえてその文の先頭に持ってきて修飾しようとする名詞や代名詞（先行詞）のすぐあとに置くのですから、〈先行詞＋関係代名詞＋主語＋動詞〉という語順になるのです。主格の関係代名詞との違いに注意してください。

［主格の関係代名詞の文］
　　I have a dog which runs fast.
　　　　　　先行詞＋関係代名詞＋動詞
　（速く走る犬を、私は飼っている。）

［目的格の関係代名詞の文］
　　This is a picture which I took in Okinawa.
　　　　　　　先行詞＋関係代名詞＋主語＋動詞
　（これは、私が沖縄で撮った写真です。）

　訳し方は、主格の関係代名詞と同じように、関係代名詞の部分を先行詞に係るように訳してください。

　　a picture which I took in Okinawa （私が沖縄で撮った写真）

② 目的格の関係代名詞と先行詞

　目的格の関係代名詞には、which と that があると述べましたが、これらはやはり主格の関係代名詞のときと同じように、先行詞による使い方が次のようになりますので注意してください。

(1) which…先行詞が「物・動物」のときに使う。
① This is the bike which I bought yesterday.
　　　　　　　　先行詞「物」
（これは、私が昨日買った自転車です。）

(2) that…先行詞が「人」または「物・動物」のときに使う。
② This is the bike that I bought yesterday.
　　　　　　　　先行詞「物」
（これは、私が昨日買った自転車です。）
③ Tomoko is a girl that everyone likes.
　　　　　　　先行詞「人」
（友子は、みんなが好きな女の子です。）

なお、この目的格の関係代名詞は、省略することができます。ですから、文の中で〈名詞＋主語＋動詞〜〉の形になっていたら、目的格の関係代名詞が省略されているのではないかと考えてください。そして、文全体の意味がそれでつながるなら、それで正解ということになります。上の例文①や③を省略した形にすると、次のようになります。

① This is the bike I bought yesterday.
（これは、私が昨日買った自転車です。）
③ Tomoko is a girl everyone likes.
（友子は、みんなが好きな女の子です。）

今までのところをまとめると、次の表のようになります。

関係代名詞	先行詞	格
who	人	主格
which	物・動物	主格・目的格
that	人、物・動物	主格・目的格

以上が中学内容での関係代名詞なのですが、この表を見て、先行詞が「人」のときの目的格は that を使う以外ないのだろうか、とか、主格・目的格があるのなら、所有格もあるのだろうか、などと思った人がいるのではないでしょうか。実は、これらについて、以前は中学校でも教えていたのですが、今は高校内容となっています。しかし、参考として簡単に説明すると下のようになります。

［参考］　目的格の whom と所有格の whose
　(1)　目的格の whom…先行詞が「人」のときに使う。
　　　　　Tomoko is a girl whom everyone likes.
　　　　（友子は、みんなが好きな女の子です。）
　(2)　所有格の whose…先行詞が「人」でも「物・動物」でも使う。
　　　　　　　　　　whose のあとには名詞がくることに注意。
　　　　　Look at the girl whose hair is long.
　　　　（その髪の長い女の子を見なさい。）

先行詞＼格	主格	所有格	目的格
人	who [that]	whose	whom [that]
人以外	which [that]	whose	which [that]

CHECK 13　分　詞

「分詞」は「関係代名詞」と同じように名詞を修飾する、とても大切な1つの方法です。正しく理解しているか、チェックテストをやってみましょう。

チェックテスト

1 次の英語を日本語にしなさい。

(1) We know the girls playing tennis.
　（　　　　　　　　　　　　　　　　　　　　　）
(2) They looked at the woman speaking English over there.
　（　　　　　　　　　　　　　　　　　　　　　）
(3) Do you know that boy standing in front of my house?
　（　　　　　　　　　　　　　　　　　　　　　）

2 次の英語を日本語にしなさい。

(1) The girl smiling at you is my daughter.
　（　　　　　　　　　　　　　　　　　　　　　）
(2) That old woman playing the piano is our grandmother.
　（　　　　　　　　　　　　　　　　　　　　　）
(3) The boy running in the park looked very tired.
　（　　　　　　　　　　　　　　　　　　　　　）

3 次の英語を日本語にしなさい。

(1) Do you know that smiling boy?
　（　　　　　　　　　　　　　　　　　　　　　）
(2) That dancing child was very pretty.
　（　　　　　　　　　　　　　　　　　　　　　）

(3) Can you see the swimming dog?
 (　　　　　　　　　　　　　　　　　　　)

4 次の英語を日本語にしなさい。

(1) He has a car made in Japan.
 (　　　　　　　　　　　　　　　　　　　)

(2) We received a letter written by Lucy.
 (　　　　　　　　　　　　　　　　　　　)

(3) Do you know the boy named Tom?
 (　　　　　　　　　　　　　　　　　　　)

5 次の英語を日本語にしなさい。

(1) The picture painted by my father is very beautiful.
 (　　　　　　　　　　　　　　　　　　　)

(2) This box made in China is green.
 (　　　　　　　　　　　　　　　　　　　)

(3) That bag made in France is very expensive.
 (　　　　　　　　　　　　　　　　　　　)

6 次の英語を日本語にしなさい。

(1) Can you see that closed window?
 (　　　　　　　　　　　　　　　　　　　)

(2) I have driven that used car three times.
 (　　　　　　　　　　　　　　　　　　　)

(3) Does he like boiled eggs?
 (　　　　　　　　　　　　　　　　　　　)

解答

1 (1) テニスをしているその女の子たちを、私たちは知っています。
　(2) 向こうで英語を話している女性を、彼らは見ました。
　(3) 私の家の前に立っているあの男の子を、あなたは知っていますか。

2 (1) あなたにほほえんでいるその女の子は、私の娘です。
　(2) ピアノを弾いているあの年をとった女性は、私たちの祖母です。
　(3) 公園を走っているその少年は、とても疲れているように見えた。

3 (1) あのほほえんでいる少年を、あなたは知っていますか。
　(2) あの踊っている子どもは、とてもかわいかった。
　(3) その泳いでいる犬が、あなたは見えますか。

ここまで1問でも間違いがあれば、**要点の確認 1** でチェック。内容が理解できていないようなら、さらに**詳しい解説 1** へ。

4 (1) 日本で作られた車を、彼は持っている。
　(2) ルーシーによって書かれた手紙を、私たちは受け取った。
　(3) トムと名付けられた少年を、あなたは知っていますか。

5 (1) 私の父によって描かれたその絵は、とても美しい。
　(2) 中国で作られたこの箱は、緑色です。
　(3) フランスで作られたあのカバンは、とても高価です。

6 (1) あの閉められた窓が、あなたは見えますか。
　(2) あの使われた車〔中古車〕を、私は3回運転したことがある。
　(3) ゆでられた卵〔ゆで卵〕を、彼は好きですか。

ここまで1問でも間違いがあれば、**要点の確認 2** でチェック。内容が理解できていないようなら、さらに**詳しい解説 2** へ。

[CHECK 13　分詞]

以下のそれぞれの要点を見て内容が思い出せればOK。わからなかったり、あやふやだったりしたら、〔詳しい解説〕の該当箇所を読みましょう。

▶▶▶ **要点の確認**

1　現在分詞

- □ 現在分詞…〈動詞の ing 形〉
- □ 現在分詞の形容詞的用法「～している…」
  - ・語句を伴う場合…〈名詞＋現在分詞＋語句〉
  - ・分詞単独の場合…〈現在分詞＋名詞〉

2　過去分詞

- □ 過去分詞の形容詞的用法「～された…」「～されている…」
  - ・語句を伴う場合…〈名詞＋過去分詞＋語句〉
  - ・分詞単独の場合…〈過去分詞＋名詞〉

[CHECK 13　分詞]

詳しい解説

1　現在分詞

①　現在分詞の形と用法

　関係代名詞では、主語＋動詞などが文の一部になって名詞を修飾する文の形を学習しましたが、ここで名詞を修飾する英語の語句の形をまとめると、次のようになります。

①〈名詞＋前置詞＋語句〉　　the boy under the tree
　　　　　　　　　　　　　（木の下の少年））

②〈名詞＋不定詞＋語句〉　　the boy to talk with
　　　　　　　　　　　　　（いっしょに話をする少年）

③〈名詞＋関係代名詞＋語句〉　the boy that we know
　　　　　　　　　　　　　　（私たちが知っている少年）

　このようになりますが、さらに加えて動詞を使って名詞を修飾する文の形があります。それは、「分詞」と呼ばれるもので、「現在分詞」と「過去分詞」の2つがあります。まず、「現在分詞」について学んでいきましょう。
　現在分詞の形は、〈動詞のing形〉です。現在分詞は、すでに学んだように、be動詞と結びついて現在進行形を作る（例文⑤）ほか、「〜している」の意味で、例文④のように名詞を修飾するのです。これを「現在分詞の形容詞的用法」といったりします。

〔進行形〕
⑤　The boy is reading a book.（少年は、本を読んでいます。）
　　　　　　be 動詞＋現在分詞

〔形容詞的用法〕
④　the boy reading a book（本を読んでいる少年）
　　　名詞　現在分詞＋語句

　①～④の例文のように、後ろから前の名詞に係るのが、日本語にはないところなので、その訳し方に注意してください。

②　現在分詞の形容詞的用法

　現在分詞は、その後ろに意味の上でひとまとまりにつながっている語句を伴う場合は、修飾する名詞のあとに置かれます。つまり、下のように、〈名詞＋現在分詞＋語句〉という形になります。

　　the boy reading a book（本を読んでいる少年）
　　　名詞　現在分詞＋語句

　しかし、現在分詞がそのあとに語句を伴わず、単独で名詞を修飾する場合は、次の例文のように〈現在分詞＋名詞〉の語順で、その名詞の前に置かれます。これは形容詞が名詞を修飾する場合と基本的には同じ語順です。

　　that small cat（あの小さいネコ）
　　　形容詞　名詞

　　a sleeping cat（眠っているネコ）
　　単独の現在分詞　名詞

　ただし、a, the の冠詞や this, that, some, any などの語は現在分詞よりも前に置かれることに気をつけましょう。

また、関係代名詞のときと同様に、主語に現在分詞が語句をともなって係る場合は、次の例文のように文中に〈分詞＋語句〉が入り込む形になりますので、注意が必要です。

 The boy running in the park is Tom.
  主語　　　現在分詞＋語句

（公園を走っている少年はトムです。）

2　過去分詞

①　過去分詞の用法

　過去分詞は、現在完了で使った動詞の変化であり、また、〈be 動詞＋過去分詞〉の形で受動態をつくったりしますが、さらに、「～された、～されている」の意味で名詞を修飾するはたらきがあります。これを「過去分詞の形容詞的用法」といいます。

〔受動態〕
 The car was made in Japan.（この車は、日本で作られました。）
   be 動詞＋過去分詞

〔形容詞的用法〕
 the car made in Japan（日本で作られた車）
  名詞　過去分詞＋語句

現在分詞との意味の違いをまず、しっかり覚えてください。

③　過去分詞の形容詞的用法

　過去分詞も現在分詞と同様に、そのあとに意味の上でひとまとまりにつ

ながっている語句をともなって名詞を修飾する場合は、次の例文のように、その名詞のあとに置かれます。

 the picture taken by Tomoko　（友子によって撮られた写真）
 　名詞　　過去分詞＋語句

しかし、これも現在分詞と同じく、過去分詞が単独で名詞を修飾する場合は、〈過去分詞＋名詞〉の語順で名詞の前に置くことになります。

 that broken house　（あのこわされた家）
 　　単独の過去分詞　名詞

こうした〈過去分詞＋名詞〉の例として、よく出てくるものに、

 used car（使われた車→中古車）
 boiled egg（ゆでられた卵→ゆで卵）

などがあります。覚えておきましょう。
　また、a, the の冠詞や this, that, some, any などの語は、過去分詞よりも前に置かれるのは、現在分詞のときと同じです。

　さらに、現在分詞と同様に、主語に過去分詞が語句をともなって係る場合は、次の例文のように、文中に〈分詞＋語句〉が入り込む形になりますので、気を付けましょう。

 The picture taken by Tomoko is very beautiful.
 　　主語　　過去分詞＋語句

（友子によって撮られたその写真は、とても美しい。）

13 分詞

217

CHECK 14　間接疑問文　付加疑問文

　ここでは、基本となる疑問詞も含めています。忘れているものはないか、チェックしてみましょう。

チェックテスト

1　次の日本語に合うように（　）に適する英語を入れなさい。

(1) あれは何ですか。　　それはあなたの机です。
　　（　　）（　　） that?　　（　　） is your desk.
(2) あなたはだれですか。　　私はあなたのお母さんです。
　　（　　）（　　） you?　　（　　） your mother.
(3) このネコは、だれのものですか。　　それは私のです。
　　（　　）（　　） this cat?　　（　　） mine.
(4) どちらがあなたのですか。　　この大きい方です。
　　（　　）（　　） yours?　　This （　　）（　　）.
(5) いつ彼はテニスをしますか。彼は毎週土曜日にテニスをします。
　　（　　）（　　） he play tennis?
　　He （　　） tennis every Saturday.
(6) あなたのカバンはどこにありましたか。それはテーブルの下にありました。
　　（　　）（　　） your bag?　　（　　）（　　） under the table.
(7) 彼らは、どのようにして京都に行きましたか。彼らは、車でそこへ行きました。
　　（　　）（　　） they go to Kyoto?　　They （　　） there by car.

2　次の日本語に合うように（　）に適する英語を入れなさい。

(1) 彼女はどんな果物が好きですか。彼女はリンゴが好きです。
　　（　　）（　　）（　　） she like?　　She （　　） apples.

(2) あれは、だれのラケットですか。それは友子のです。
　　(　　　)(　　　)(　　　) that?　　It is (　　　).
(3) 昨日あなたは、どちらの車を運転しましたか。私は昨日、この赤い車を運転しました。
　　(　　　)(　　　)(　　　) you drive yesterday?
　　I (　　　) this red (　　　) yesterday.
(4) 何時に彼女は、ここへ来ましたか。彼女は11時20分にここへ来ました。
　　(　　　)(　　　)(　　　) she come here?
　　She (　　　) here (　　　) eleven twenty.
(5) 昨日は何曜日でしたか。土曜日でした。
　　(　　　)(　　　)(　　　) it yesterday?
　　(　　　)(　　　) Saturday.
(6) あなたたちには何人子どもがいますか。3人います。
　　(　　　)(　　　)(　　　)(　　　) you have?
　　We have three.
(7) この本はいくらですか。900円です。
　　(　　　)(　　　)(　　　) this book?
　　(　　　) is nine hundred yen.
(8) あなたの娘は何歳ですか。彼女は2歳です。
　　(　　　)(　　　)(　　　) your daughter?
　　She is two (　　　)(　　　).
(9) どのくらい長く、あなたはここに滞在するつもりですか。私は、1か月間ここに滞在するつもりです。
　　(　　　)(　　　)(　　　) you stay here?
　　I will stay here (　　　) a month.

3　日本語に合う英語になるように、(　)内の語句を並べかえなさい。

(1) 何が、彼女をそんなに怒らせたのですか。
　　(her / angry / what / so / made)?

(2) だれが、毎日あなたの部屋をそうじするのですか。
(cleans / day / room / every / your / who)?

_____

(3) どの歌が、彼を有名にしましたか。
(song / famous / which / him / made)?

_____

(4) だれが、このネコを飼っているのですか。
(cat / who / this / has)?

_____

4 次の疑問文を①(　)内の語句に続けて書き換え、②日本語にしなさい。

(1) Who is this young man?　(I know)
　① _____
　② (　　　　　　　　　　　　　　　　　　　　　　　)

(2) Where is Tomoko?　(Do you know)
　① _____
　② (　　　　　　　　　　　　　　　　　　　　　　　)

(3) Whose pen is this?　(I wonder)
　① _____
　② (　　　　　　　　　　　　　　　　　　　　　　　)

(4) How do you come to the station?　(I want to know)
　① _____
　② (　　　　　　　　　　　　　　　　　　　　　　　)

(5) When did Ken go to Tokyo?　(Do you know)
　① _____
　② (　　　　　　　　　　　　　　　　　　　　　　　)

(6) Why does he like this car?　(I wonder)
　① _____
　② (　　　　　　　　　　　　　　　　　　　　　　　)

(7) What time will they get up?　(I wonder)
　① _____

②（　　　　　　　　　　　　　　　　　　　　　）
(8) Why can she play the violin?　（I wonder）
　　①_____
　　②（　　　　　　　　　　　　　　　　　　　　　）
(9) What is in the bag?　（I want to know）
　　①_____
　　②（　　　　　　　　　　　　　　　　　　　　　）
(10) What makes her angry?　（Do you know）
　　①_____
　　②（　　　　　　　　　　　　　　　　　　　　　）
(11) Which is mine?　（I know）
　　①_____
　　②（　　　　　　　　　　　　　　　　　　　　　）

5　下線部を①過去形にして全文を書き換え、②日本語にしなさい。

(1) We know where she lives.
　　①_____
　　②（　　　　　　　　　　　　　　　　　　　　　）
(2) I don't know what is in the box.
　　①_____
　　②（　　　　　　　　　　　　　　　　　　　　　）

6　（　）に適語を入れて①付加疑問文にし、②それを日本語にしなさい。

(1) ① It is fine today,（　　　）（　　　）?
　　②（　　　　　　　　　　　　　　　　　　　　　）
(2) ① Mike was very hungry,（　　　）（　　　）?
　　②（　　　　　　　　　　　　　　　　　　　　　）
(3) ① There is a library near your house,（　　　）（　　　）?
　　②（　　　　　　　　　　　　　　　　　　　　　）
(4) ① You go to school by bike,（　　　）（　　　）?
　　②（　　　　　　　　　　　　　　　　　　　　　）

(5) ① Our mother likes playing tennis, (　　) (　　) ?
　　② (　　　　　　　　　　　　　　　　　　　　　　　　　)
(6) ① Lucy played soccer yesterday, (　　) (　　) ?
　　② (　　　　　　　　　　　　　　　　　　　　　　　　　)
(7) ① Haruka can play the guitar, (　　) (　　) ?
　　② (　　　　　　　　　　　　　　　　　　　　　　　　　)
(8) ① Sayaka will come here soon, (　　) (　　) ?
　　② (　　　　　　　　　　　　　　　　　　　　　　　　　)
(9) ① Jane and Mike have been to Osaka many times,
　　　(　　) (　　) ?
　　② (　　　　　　　　　　　　　　　　　　　　　　　　　)
(10) ① Haruka wasn't playing the violin, (　　) (　　) ?
　　② (　　　　　　　　　　　　　　　　　　　　　　　　　)
(11) ① Tom can't read the book, (　　) (　　) ?
　　② (　　　　　　　　　　　　　　　　　　　　　　　　　)
(12) ① They didn't study English, (　　) (　　) ?
　　② (　　　　　　　　　　　　　　　　　　　　　　　　　)
(13) ① Sayaka doesn't know you, (　　) (　　) ?
　　② (　　　　　　　　　　　　　　　　　　　　　　　　　)
(14) ① Mike hasn't come here yet, (　　) (　　) ?
　　② (　　　　　　　　　　　　　　　　　　　　　　　　　)
(15) ① It won't rain tomorrow, (　　) (　　) ?
　　② (　　　　　　　　　　　　　　　　　　　　　　　　　)
(16) ① There aren't any dogs in your house, (　　) (　　) ?
　　② (　　　　　　　　　　　　　　　　　　　　　　　　　)

7　次の英語を日本語にしなさい。

(1) "He didn't do his homework, did he?" "No, he didn't."
　　(　　　　　　　　　　　　　　　　　　　　　　　　　)
(2) "She can't play tennis, can she?" "Yes, she can."
　　(　　　　　　　　　　　　　　　　　　　　　　　　　)

解答

1 (1) What is　It　　(2) Who are　I'm
(3) Whose is　It's　　(4) Which is　bigger one
(5) When does　plays　　(6) Where was　It was
(7) How did　went

2 (1) What fruit does　likes　　(2) Whoes racket is　Tomoko's
(3) Which car did　drove　one　(4) What time did　came　at
(5) What day was　It was　　(6) How many children do
(7) How much is　It　　(8) How old is　years old
(9) How long will　for

3 (1) What made her so angry?
(2) Who cleans your room every day?
(3) Which song made him famous?
(4) Who has this cat?

⇨ ここまで 1 問でも間違いがあれば、**要点の確認 1** でチェック。内容が理解できていないようなら、さらに**詳しい解説 1** へ。

4 (1) ① I know who this young man is.
② この若者が誰なのか、私は知っています。
(2) ① Do you know where Tomoko is?
② 友子がどこにいるのか、あなたは知っていますか。
(3) ① I wonder whose pen this is.
② これは誰のペンなのだろうか、と私は思う。
(4) ① I want to know how you come to the station.
② どのようにしてあなたが駅へ来るのか、私は知りたい。
(5) ① Do you know when Ken went to Tokyo?
② いつケンが東京へ行ったのか、あなたは知っていますか。
(6) ① I wonder why he likes this car.
② なぜ彼はこの車が好きなのだろうか、と私は思う。

- (7) ① I wonder what time they will get up.
  - ② 何時に彼らは起きるつもりなのだろか、と私は思う。
- (8) ① I wonder why she can play the violin.
  - ② なぜ彼女はバイオリンが弾けるのだろうか、と私は思う。
- (9) ① I want to know what is in the bag.
  - ② カバンの中に何があるのか、私は知りたい。
- (10) ① Do you know what makes her angry?
  - ② 何が彼女を怒らせるのか、あなたは知っていますか。
- (11) ① I know which is mine.
  - ② どちらが私のものなのか、私は知っています。

5 (1) ① We knew where she lived.
  - ② 彼女がどこに住んでいるのか、私たちは知っていました。
- (2) ① I didn't know what was in the box.
  - ② 箱の中に何があるのか、私は知らなかった。

ここまで**1**問でも間違いがあれば、要点の確認 **2** でチェック。内容が理解できていないようなら、さらに詳しい解説 **2** へ。

---

6 (1) ① isn't it ② 今日は晴れですね。
- (2) ① wasn't he ② マイクはとてもお腹が減っていましたね。
- (3) ① isn't there ② あなたの家の近くに図書館がありますね。
- (4) ① don't you ② あなたは学校へ自転車で行くんですね。
- (5) ① doesn't she
  - ② 私たちのお母さんはテニスをするのが好きですね。
- (6) ① didn't she ② ルーシーは昨日サッカーをしましたね。
- (7) ① can't she ② はるかはギターが弾けますね。
- (8) ① won't she ② さやかは、すぐにここへ来るでしょうね。
- (9) ① haven't they
  - ② ジェーンとマイクは大阪へ何回も行ったことがありますね。
- (10) ① was she
  - ② はるかはバイオリンを弾いていませんでしたね。

(11)	①	can he	②	トムはその本が読めないですね。
(12)	①	did they	②	彼らは英語を勉強しませんでしたね。
(13)	①	does she	②	さやかはあなたを知りませんね。
(14)	①	has he	②	マイクはまだここに来ていませんね。
(15)	①	will it	②	明日は雨は降らないでしょうね。
(16)	①	are there	②	あなたの家には犬は一匹もいませんね。

7 (1)「彼は、宿題をしなかったですね。」「はい、しませんでした。」
　 (2)「彼女は、テニスができませんね。」「いいえ、できます。」

⮕ここまで1問でも間違いがあれば、**要点の確認 3** でチェック。内容が理解できていないようなら、さらに**詳しい解説 3** へ。

14 間接疑問文、付加疑問文

[CHECK 14 間接疑問文、付加疑問文]

▶▶▶ **要点の確認**

以下のそれぞれの要点を見て内容が思い出せればOK。わからなかったり、あやふやだったりしたら、〔詳しい解説〕の該当箇所を読みましょう。

1 疑問詞を使った疑問文

- [ ] what、who、whose、which、when、where、how、why
- [ ] 疑問詞を使った疑問文の語順…〈疑問詞＋疑問文の語順〉
- [ ] 疑問詞＋名詞など
  what＋名詞、whose＋名詞、which＋名詞、what time、what day、how many、how much、how old、how long
- [ ] 主語をたずねる疑問詞…〈疑問詞＋肯定文の語順〉

2 間接疑問文

- [ ] 間接疑問文…
  I know ～ などのあとに続いて、疑問詞の文が文全体の一部になっているもの。
- [ ] 間接疑問文の語順…〈疑問詞＋主語＋動詞～〉の肯定文の語順
- [ ] 間接疑問文の形
  〔be 動詞を含むとき〕　…〈疑問詞＋主語＋be 動詞〉
  〔一般動詞を含むとき〕　…〈疑問詞＋主語＋一般動詞〉
  〔助動詞を含むとき〕　　…〈疑問詞＋主語＋助動詞＋動詞〉
  〔疑問詞が主語のとき〕　…〈疑問詞＋動詞〉
- [ ] 時制の一致…
  主節の動詞が過去のときは、間接疑問文の中の動詞も過去形にする。

3 付加疑問文

- [ ] 付加疑問文…
  「～ですね」と相手に念を押すときや、「～でしょう？」と軽く質問するときに使う表現。

- □ 〔肯定文につく付加疑問の形〕
    - (1) be 動詞　（現在）～ , isn't〔aren't〕＋主語？
              （過去）～ , wasn't〔weren't〕＋主語？
    - (2) 一般動詞　（現在）～ , don't〔doesn't〕＋主語？
              （過去）～ , didn't＋主語？
    - (3) 助動詞　　～ , can't〔won't〕＋主語？
    - (4) 現在完了　～ , haven't〔hasn't〕＋主語？
- □ 〔否定文につく付加疑問の形〕
    - (1) be 動詞　（現在）～ , is〔are〕＋主語？
              （過去）～ , was〔were〕＋主語？
    - (2) 一般動詞　（現在）～ , do〔does〕＋主語？
              （過去）～ , did＋主語？
    - (3) 助動詞　　～ , can〔will〕＋主語？
    - (4) 現在完了　～ , have〔has〕＋主語？
- □ 〈否定文～ , 肯定形＋主語？〉の付加疑問文への答え方
    付加疑問文の動詞の動作をするなら Yes、しないなら No。

[CHECK 14　間接疑問文、付加疑問文]

詳しい解説

1　疑問詞を使った疑問文

①　主な疑問詞

　間接疑問文を学習する前に、疑問詞を理解している必要がありますので、まず、疑問詞を使った疑問文から学習していきましょう。what（何）やwho（だれ）などを「疑問詞」といいます。覚えておかなければいけない疑問詞は、以下のようなものです。

what（何）	who（だれ）	whose（だれのもの）
which（どちら）	when（いつ）	where（どこで〔に〕）
how（どのように）	why（なぜ）	

さて、この疑問詞を使った疑問文ですが、たとえば、

　This is a bike.
　（これは、自転車です。）

という文がありますが、このとき、仮にこれが自転車か何かわからなくて誰かにたずねるとき、つまり、a bike がわからないとき、これを what（何）として、真っ先に相手にたずねるために、文の一番先頭に置きます。そして、残りの This is を疑問文の語順にして続けます。つまり、

　<u>What is this?</u>（これは、何ですか。）
　疑問詞＋疑問文の語順

となります。

このように、疑問詞を使った疑問文の語順は、〈疑問詞＋疑問文の語順〉が基本になります。

　疑問詞を使った疑問文とその答え方は、次のようになります。

(1) what（何）
　　What are these?（これらは何ですか。）
　　They are my pictures.（それらは、私の絵です。）

(2) who（だれ）
　　Who is he?（彼はだれですか。）
　　He is my cousin.（彼は、私のいとこです。）

(3) whose（だれのもの）
　　Whose is that house?（あの家は、だれのものですか。）
　　It is Tom's.（それは、トムのです。）

(4) which（どちら）
　　Which is her book?（彼女の本はどちらですか。）
　　That green one is.（あの緑色の本です。）

(5) when（いつ）
　　When did you clean your room?
　　（あなたは、いつあなたの部屋をそうじしましたか。）
　　I cleaned it a week ago.（私は、1週間前にそうじしました。）

(6) where（どこ）
　　Where do you eat lunch every day?
　　（どこであなたは毎日、昼食を食べますか。）
　　I eat it in the classroom.（私は、教室で食べます。）

(7) how（どのように）
　　How did you go to the park?
　　（どのようにして、あなたは公園へ行きましたか。）
　　I went there by bike.（私は、自転車でそこへ行きました。）
　　　※交通手段を答えるときは、by bus（バスで）、by car（車で）などのように、〈by＋交通手段〉になります。ただし、「徒歩で」は、on foot になります。

(8) why（なぜ）
　　Why did you go to the library?
　　（なぜ、あなたは図書館へ行ったのですか。）
　　Because I wanted to study math.
　　（なぜなら、私は数学を勉強したかったからです。）
　　　※ Why（なぜ）～？には、Because（なぜなら）～．で答えるのが基本です。

② 疑問詞＋名詞など

　次に、疑問詞に名詞などの語句をつなげてたずねる疑問文を学習しましょう。以下のようなものがあります。これらも、やはり、〈疑問詞＋名詞〉のあとは基本的には疑問文の語順で続けます。

(1) what ＋名詞（何の～、どんな～）
　　What sport do you like?
　　（何のスポーツが、あなたは好きですか。）
　　I like tennis very much.（私はテニスがとても好きです。）

(2) whose ＋名詞（だれの～）
　　Whose book is this?（これは、だれの本ですか。）
　　It is hers.（それは彼女のです。）

(3) which ＋名詞（どの〜、どちらの〜）
　　<u>Which bike</u> do you use?
　　（どちらの自転車を、あなたは使うのですか。）
　　I use this blue one.（私は、この青色の自転車を使います。）

　また、次のような疑問詞を使った表現とその答え方も覚えておかなければいけません。

(4) what time（何時）
　　<u>What time</u> is it now?（今、何時ですか。）
　　It is seven thirty.（7時30分です。）
　　　※〈It is ＋時＋分 .〉で答えることに注意してください。
　　<u>What time</u> does your daughter get up?
　　（何時に、あなたの娘は起きますか。）
　　She gets up at 9 o'clock.（彼女は9時に起きます。）
　　　※「（〜時）に」は、〈at 〜〉を使います。

(5) what day（何曜日）
　　<u>What day</u> is it today?（今日は何曜日ですか。）
　　It is Wednesday.（水曜日です。）
　　　※〈It is ＋曜日 .〉で答えることになります。
　　　　ちなみに日付をたずねるときは、date（日付）を使って、次のようになります。
　　What is the date today?（今日は何日ですか。）
　　It is November 3.（11月3日です。）
　　　※日にちの読み方は、序数で読むことになります。上の例文では、(the) third と読みます。

　さらに、how を使った次のような疑問文とその答え方も覚えましょう。

(6) how many（いくつの～）
How many books do you have?
（何冊の本を、あなたは持っていますか。）
I have three books.（私は 3 冊持っています。）
※〈How many ＋名詞の複数形＋疑問文の語順～〉になることに注意しましょう。数をたずねる名詞を複数形にして How many のあとに続けることを忘れないでください。

(7) how much（いくら）
How much is this bag?（このカバンはいくらですか。）
It is eight hundred yen.（それは 800 円です。）

(8) how old（何歳）
How old is this boy?（この少年は何歳ですか。）
He is ten years old.（彼は 10 歳です。）

(9) how long（どのくらい長く、どのくらいの長さ）
How long does she watch TV every day?
（彼女は、どのくらい毎日テレビを見ますか。）
She watches it for three hours every day.
（彼女は毎日、3 時間見ます。）

③ 主語をたずねる疑問詞

　疑問詞を使った疑問文は、「疑問詞のあとは疑問文の語順」というのが基本でしたが、疑問詞が主語をたずねる場合は、疑問詞のあとは疑問文の語順にはしません。通常の肯定文の語順になるのです。たとえば、次のような文になります。

① What made you so happy?
（何があなたを、そんなにうれしくさせましたか。）
② Who gets up the earliest?（だれが、一番早く起きますか。）

③ <u>Which boy</u> did such a thing?
（どの少年が、そんなことをしたのですか。）
④ <u>Whose book</u> made her angry?
（だれの本が、彼女を怒らせたのですか。）

そして、注意しなければならないのは、「主語になっている疑問詞は、三人称単数扱いになる」ということです。それで、②の例文では、動詞は **gets** になっています。また、例文③④のように、〈疑問詞＋名詞〉も主語になっている場合がありますので、注意してください。

2　間接疑問文

① 間接疑問文

who や what などの疑問詞が、I know ～ や I wonder ～ などのあとに続いて、次の例文のように文の一部になるとき、この文を「間接疑問文」といいます。文中の疑問文は、know や wonder などの動詞の目的語になります。

　　I know <u>who he is</u>.（私は、彼が誰なのか知っています。）
　　　　　目的語

このとき、疑問詞以下の部分は、文の一部になっていて疑問文の語順にする必要はありませんので、〈疑問詞＋主語＋動詞～〉の肯定文の語順になります。

疑問詞以下の部分の訳し方は、次のようになります。

　　who you are（あなたが誰なのか）
　　what this is（これが何なのか）
　　whose this pen is（このペンは誰のものなのか）

where he is（彼がどこにいるのか）
　　　when she cleaned her room
　　　（いつ彼女は自分の部屋をそうじしたのか）
　　　how he went to the hospital
　　　（どのようにして彼は病院へ行ったのか）
　　　how much this car is（この車はいくらなのか）

　なお、文末の符号がピリオド（.）か、クエスチョンマーク（?）かは、文全体が疑問文かどうかで決まります。間接疑問文では、疑問詞以下の部分は文の一部になっていますので、文全体が疑問文かどうかには関係ありません。

　① 　I know what this is.
　　　（これが何なのか、私は知っています。）
　② 　Do you know what this is?
　　　（これが何なのか、あなたは知っていますか。）

　上の例文②では、what this is があるからクエスチョンマーク（?）がついているのではなく、Do you know となっているからついているのです。

②　間接疑問文の形　〈be 動詞を含むとき〉

　それでは、個々の文について間接疑問文の作り方を見ていきましょう。まず、be 動詞を含む疑問詞の文を間接疑問文にするには、次のようになります。

［be 動詞を含むとき］…〈疑問詞＋主語＋ be 動詞〉
　① 　What is this?（これは何ですか。）
　② 　I know what this is.（これが何なのか、私は知っている。）
　　　　　　　疑問詞＋主語＋ be 動詞

例文①は、疑問詞の疑問文ですので、そのあとは is this と疑問文の語順になっています。これを I know などのあとに続けて間接疑問文にするには、例文②のように、be 動詞を主語のあとに戻して、ふつうの文（肯定文）の語順に戻すことになります。

③　間接疑問文の形　〈一般動詞を含むとき〉

　次に、一般動詞を含む疑問詞の文を間接疑問文にするには、次のような手順になります。

[一般動詞を含むとき]…〈疑問詞＋主語＋一般動詞〉
①　Where does Tom live?（どこにトムは住んでいますか。）
②　I know <u>where Tom lives</u>?
　　　　　　疑問詞＋主語＋一般動詞

　　（どこにトムが住んでいるのか、私は知っている。）

　例文①は疑問詞の疑問文ですので、そのあとは does Tom live と疑問文の語順になっています。つまり、一般動詞の疑問文では do, does, did のいずれかが主語の前に出て疑問文の語順になるということでした。これを I know などのあとに続けて間接疑問文にするには、例文②のように、

　ⅰ．do, does, did を取り除き、
　ⅱ．does を取り除いたときは一般動詞を3人称単数現在形に戻し、did を取り除いたときには一般動詞を過去形にして、ふつうの文（肯定文）の語順に戻す。

という手順になります。

④　間接疑問文の形　〈助動詞を含むとき〉

　さらに、助動詞を含む疑問詞の文を間接疑問文にするには、次のようになります。

〔助動詞を含むとき〕…〈疑問詞＋主語＋助動詞＋動詞〉
① When will Tom come?（トムはいつ来るでしょうか。）
② I know <u>when Tom will come</u>.
　　　　　疑問詞＋主語＋助動詞＋動詞
（トムがいつ来るのか、私は知っている。）

　例文①は、疑問詞の疑問文ですので、そのあとは will Tom come と疑問文の語順になっています。これを I know などのあとに続けて間接疑問文にするには、例文②のように、助動詞を一般動詞の前に戻して、ふつうの文(肯定文)の語順に戻すことになります。

⑤ 間接疑問文の形　〈疑問詞が主語のとき〉

　最後に、疑問詞が主語になっている疑問文を間接疑問文にするには、次のようになります。

〔疑問詞が主語のとき〕…〈疑問詞＋動詞〉
① Who came here?（誰がここへ来たのですか。）
② I know <u>who came here</u>.（誰がここへ来たのか、私は知っている。）
　　　　　疑問詞＋動詞
③ Which is hers?（どちらが彼女のものですか。）
④ I know <u>which is hers</u>.（どちらが彼女のものか、私は知っている。）
　　　　　疑問詞＋動詞
⑤ What is in the box?（箱の中に何がありますか。）
⑥ I know <u>what is in the box</u>.
　　　　　疑問詞＋動詞
（箱の中に何があるのか、私は知っている。）

　what や which, who ではそれ自体が文の主語になっている場合がありますが、その場合は、例文①③⑤のようにもともと疑問文の語順にはしません。疑問詞自体を主語のように扱って、疑問文を作ります。疑問文を作るための do, does, did も必要ありません。(ちなみに、この場合、what

や which, who は 3 人称単数扱いになります。）ですので、これを I know などのあとに続けて間接疑問文にするには、例文②④⑥のようにそのまま続けて置けばいいことになります。

⑥ 時制の一致

接続詞のところでも「時制の一致」を学習しましたが、間接疑問文でも、文全体が過去のときは、間接疑問文の中の動詞を過去形にします。接続詞のときと同様に、訳し方に注意してください。

I know what it is.（それが何であるのか、私は知っている。）
I knew what it was.（それが何であるのか、私は知っていた。）

3 付加疑問文

① 付加疑問文

「付加疑問文」とは、次の例文のように、「～ですね」と相手に念を押すときや、「～でしょう？」と軽く質問するときに使う表現です。英文のあとに、isn't it?、do you? のような 2 語を加えて作ります。肯定文には否定の付加疑問、否定文には肯定の付加疑問がつきます。読み方は、念を押したり、同意を求めたりするときは下げ調子、軽く質問するときは上げ調子になります。

He is your father, isn't he?
（彼は、あなたのお父さんですね。）
You didn't do your homework, did you?
（あなたは宿題をしていませんね。）

② 肯定文＋〈否定の短縮形＋主語〉？

付加疑問文では、前の文が肯定文なら、文末は否定の疑問形、つまり〈否

定の短縮形＋主格の代名詞？〉という形にします。ことばにすると何だかわかりにくいですが、それぞれの例文によって下に説明していきますので、それで理解していきましょう。

(1) be 動詞の場合
① Tomoko is your mother.
（友子は、あなたのお母さんです。）
② Tomoko is your mother, isn't she?
（友子は、あなたのお母さんですね。）

例文①を否定文にするには、isn't を使います。これが、否定の短縮形です。これを、例文②のようにコンマをつけた後において、その後には主語を代名詞 she にして続けるとでき上がりです。

つまり、前の文が肯定文で be 動詞の場合、is なら isn't、are なら aren't、was なら wasn't、were なら weren't としてそのあとに主語を代名詞にして続けるのです。

(2) 一般動詞の場合
① Tomoko likes watching TV.
（友子は、テレビを見るのが好きです。）
② Tomoko likes watching TV, doesn't she?
（友子は、テレビを見るのが好きですね。）

例文①を否定文にするには、doesn't を使います。これが、否定の短縮形です。これを、例文②のようにコンマをつけた後において、その後には主語を代名詞 she にして続けるとでき上がりです。

つまり、前の文が肯定文で一般動詞の場合、現在形なら don't や doesn't、過去形なら didn't としてそのあとに主語を代名詞にして続けるのです。

(3) 助動詞の場合
① Tomoko can play tennis.
（友子はテニスができます。）
② Tomoko can play tennis, can't she?
（友子はテニスができますね。）

　例文①を否定文にするには、**can't** を使います。これが、否定の短縮形です。これを、例文②のようにコンマをつけた後において、その後には主語を代名詞 **she** にして続けるとでき上がりです。
　つまり、前の文が肯定文で助動詞の場合、**can't** や **won't** などの否定の短縮形にして、そのあとに主語を代名詞にして続けるのです。

(4) 現在完了の場合
① Tomoko has visited Kyoto many times.
（友子は、何度も京都を訪れたことがあります。）
② Tomoko has visited Kyoto many times, hasn't she?
（友子は、何度も京都を訪れたことがありますね。）

　例文①を否定文にするには、**hasn't** を使います。これが、否定の短縮形です。これを、例文②のようにコンマをつけた後において、その後には主語を代名詞 **she** にして続けるとでき上がりです。
　つまり、前の文が現在完了の肯定文の場合、否定の短縮形 **haven't** や **hasn't** にして、そのあとに主語を代名詞にして続けるのです。

〔肯定文につく付加疑問の形〕
(1) be 動詞　　（現在）　～, isn't〔aren't〕＋主語？
　　　　　　　（過去）　～, wasn't〔weren't〕＋主語？
(2) 一般動詞　（現在）　～, don't〔doesn't〕＋主語？
　　　　　　　（過去）　～, didn't ＋主語？
(3) 助動詞　　　　　　　～, can't〔won't〕＋主語？
(4) 現在完了　　　　　　～, haven't〔hasn't〕＋主語？

③ 否定文＋〈肯定の疑問形＋主語〉？

　付加疑問文では、前の文が否定文なら、文末は肯定の疑問形、という形にします。それぞれの例文によって下に説明していきますので、それで理解していきましょう。

(1)　be 動詞の場合
　①　Tomoko isn't your mother.
　　　（友子はあなたのお母さんではありません。）
　②　Tomoko isn't your mother, is she?
　　　（友子はあなたのお母さんではありませんね。）

　例文①のような be 動詞の文では、これを疑問文にするときは、〈be 動詞＋主語〉となりますが、これを文末につければでき上がりです。
　つまり、前の文が否定文で be 動詞の場合、isn't なら is、aren't なら are、wasn't なら was、weren't なら were として、そのあとに主語を代名詞にして続けるのです。

(2)　一般動詞の場合
　①　Tomoko doesn't like math.
　　　（友子は数学が好きではありません。）
　②　Tomoko doesn't like math, does she?
　　　（友子は数学が好きではありませんね。）

　例文①のような一般動詞の文では、これを疑問文にするときは、〈do,〔does, did〕＋主語〉となりますが、これを文末につければでき上がりです。
　つまり、前の文が否定文で一般動詞の場合、現在形なら do や does、過去形なら did としてそのあとに主語を代名詞にして続けるのです。

(3)　助動詞の場合
　①　Tomoko can't play tennis.（友子はテニスができません。）

② Tomoko can't play tennis, can she?
　　（友子はテニスができませんね。）

　例文①のような助動詞の文では、これを疑問文にするときは、〈助動詞＋主語〉となりますが、これを文末につければでき上がりです。
　つまり、前の文が助動詞で否定文の場合、〈can＋主語？〉や〈will＋主語？〉などの疑問の形にするのです。

(4)　現在完了の場合
　① Tomoko hasn't visited Kyoto.
　　（友子は、京都を訪れたことがありません。）
　② Tomoko hasn't visited Kyoto, has she?
　　（友子は、京都を訪れたことがありませんね。）

　例文①のような現在完了の文では、これを疑問文にするときは、〈have [has]＋主語〉となりますが、これを文末につければでき上がりです。
　つまり、前の文が現在完了で否定文の場合、〈have＋主語？〉や〈has＋主語？〉などの疑問の形にするのです。

[否定文につく付加疑問の形]
(1)　be動詞　　　（現在）　～, is [are]＋主語？
　　　　　　　　　（過去）　～, was [were]＋主語？
(2)　一般動詞　　（現在）　～, do [does]＋主語？
　　　　　　　　　（過去）　～, did＋主語？
(3)　助動詞　　　　　　　　～, can [will]＋主語？
(4)　現在完了　　　　　　　～, have [has]＋主語？

④　付加疑問文への答え方

　付加疑問文に対する答えは、次の例文のように、Yes, No を使って答えます。

Tomoko lives in Osaka, doesn't she?
（友子は大阪に住んでいるのですね。）
　　　Yes, she does.（はい、住んでいます。）
　　／No, she doesn't.（いいえ、住んでいません。）

　しかし、〈否定文〜, 肯定形＋主語?〉の付加疑問文への答え方には注意が必要になります。
　これはつまり、否定疑問文に対する答え方と同じになって、付加疑問文の動詞の動作をするなら Yes、しないなら No を使うことになります。日本語の「はい」「いいえ」と使い方が逆になるので、くれぐれも気をつけてください。たとえば、次の例文のようになります。

　　You didn't go there, did you?
　　（あなたは、そこへ行かなかったのですね。）
　　（答え方）「行った」なら　　→ Yes, I did.
　　　　　　　　　　　　　　　　　　（いいえ、行きました。）
　　　　　　「行かなかった」なら→ No, I didn't.
　　　　　　　　　　　　　　　　　　（はい、行きませんでした。）

　英語では、上の例文のように、たずねている文の動詞の動作、つまりここでは go「行く」という動作をしたのなら、Yes、しなかったのなら、No で答えることになるのです。しかし、日本語は違いますね。日本語では、たずねている文全体の内容、ここでは「そこへ行かなかった」ことが事実なら「はい」、事実でないなら「いいえ」で答えることに普段使う状況ではなるはずです。ここに一つ、英語と日本語の考え方の違いが出てきます。否定疑問文への答え方を日本語にするときは、Yes を「いいえ」、No を「はい」と訳すことになりますので、注意しましょう。

CHECK 15 名詞、代名詞

　では、「名詞・代名詞」について、細かなところまで覚えているかチェックしてみましょう。

チェックテスト

1 次の名詞の複数形を書きなさい。

(1) book _____　(2) bus _____
(3) baby _____　(4) boy _____
(5) woman _____　(6) child _____
(7) knife _____　(8) foot _____

2 次の日本語を英語にしなさい。

(1) カップ1杯のコーヒー
(2) カップ3杯のお茶
(3) コップ1杯の水
(4) グラス2杯のミルク
(5) 1枚のパン
(6) 5本のチョーク
(7) 10枚の紙

3 文中の①適所に a few か a little を入れて書き、②日本語にしなさい。

(1) We had books.
　① _____
　② (　　　　　　　　　　　　　　　　　　　　　　　)
(2) She had money.
　① _____
　② (　　　　　　　　　　　　　　　　　　　　　　　)

4 次の英文を日本語にしなさい。

(1) We had few books.
　　(　　　　　　　　　　　　　　　　　　　　　　　)
(2) She had little money.
　　(　　　　　　　　　　　　　　　　　　　　　　　)

5 (　)に a, an, the のうち適するものを書き、全文を日本語にしなさい。

(1) I have (　　　) apple and (　　　) lemon.
　　日本語(　　　　　　　　　　　　　　　　　　　　)
(2) Tom has (　　　) cat. (　　　) cat has big eyes.
　　日本語(　　　　　　　　　　　　　　　　　　　　)
(3) There is (　　　) old book on the desk.
　　日本語(　　　　　　　　　　　　　　　　　　　　)
(4) (　　　) earth goes around (　　　) sun.
　　日本語(　　　　　　　　　　　　　　　　　　　　)
(5) "Will you open (　　　) windows?" "All right."
　　日本語(　　　　　　　　　　　　　　　　　　　　)
(6) I studied math for (　　　) hour.
　　日本語(　　　　　　　　　　　　　　　　　　　　)

6 次の表に適する英単語を書きなさい。

	主　格 (〜は、が)	所有格 (〜の)	目的格 (〜を、に)	所　有 代名詞 (〜のもの)	再　帰 代名詞 (〜自身)
(1)私	①	②	③	④	⑤
(2)あなた	①	②	③	④	⑤
(3)彼	①	②	③	④	⑤
(4)彼女	①	②	③	④	⑤
(5)それ	①	②	③	④	⑤
(6)私たち	①	②	③	④	⑤
(7)あなたたち	①	②	③	④	⑤
(8)彼ら、彼女ら、それら	①	②	③	④	⑤

7 (　)内の語を①適する形にして全文を書き、②日本語にしなさい。

(1) (I) always go to school with (he).
　① _____
　② (　　　　　　　　　　　　　　　　　　　　　)

(2) (She) is (we) daughter.
　① _____
　② (　　　　　　　　　　　　　　　　　　　　　)

(3) (You) give (I) (you) money every day.
　① _____
　② (　　　　　　　　　　　　　　　　　　　　　)

8 例のように①所有代名詞を用いた文に書き換え②日本語にしなさい。
〔例〕This is my book. → This book is mine.

(1) This is her pencil.
① _____
② (　　　　　　　　　　　　　　　　　　　　　)

(2) These are their cats.
① _____
② (　　　　　　　　　　　　　　　　　　　　　)

9 ( )に適する①再帰代名詞を入れて全文を書き、②日本語にしなさい。

(1) I will go to the library (　　　　).
① _____
② (　　　　　　　　　　　　　　　　　　　　　)

(2) "Oh, how beautiful！" he said to (　　　　).
① _____
② (　　　　　　　　　　　　　　　　　　　　　)

(3) Did you enjoy (　　　　) at the party?
① _____
② (　　　　　　　　　　　　　　　　　　　　　)

10 次の日本語に合う英語になるように、( )に適語を書きなさい。

(1) 今、9時15分です。
 (　　　) (　　　　) nine fifteen now.

(2) 昨日は水曜日でした。
 (　　　) (　　　　) Wednesday yesterday.

(3) ここから私の家まで、約2kmです。
 (　　　) (　　　　) about two kilometers from here to my house.

11 次の文を①〔 〕の指示にしたがって書き換え、②日本語にしなさい。

(1) That girl is your student.
　　〔That を Those にして全文を書き換えなさい〕
　　① _____
　　② (   )

(2) These boys were my students.
　　〔These を This にして全文を書き換えなさい〕
　　① _____
　　② (   )

12 (　)内から適語を○で囲み、全文を日本語にしなさい。

(1) The cap was very old. So he wanted a new (it, one).
　　日本語 (   )

(2) All of the boys (was, were) very kind.
　　日本語 (   )

(3) Each of you (have, has) to go there alone.
　　日本語 (   )

(4) She has two cats. One is black and (another, the other) is white.
　　日本語 (   )

(5) I don't like this bag. Show me (another, other).
　　日本語 (   )

(6) Some studied math, and (other, others) studied English.
　　日本語 (   )

> 解答

1 (1) books　(2) buses　(3) babies　(4) boys
　　(5) women　(6) children　(7) knives　(8) feet

2 (1) a cup of coffee　　(2) three cups of tea
　　(3) a glass of water　　(4) two glasses of milk
　　(5) a piece of bread　　(6) five pieces of chalk
　　(7) ten sheets of paper

3 (1) ① We had a few books.
　　　　② 私たちは、少し本を持っていました。
　　(2) ① She had a little money.
　　　　② 彼女は、少しお金を持っていました。

4 (1) 私たちは、ほとんど本を持っていませんでした。
　　(2) 彼女は、ほとんどお金を持っていませんでした。

5 (1) an　a　　私は、りんご1個とレモン1個を持っている。
　　(2) a　The　トムは、ネコを1匹飼っている。そのネコは大きな目をしている。
　　(3) an　　　机の上に1冊の古い本があります。
　　(4) The　the　地球は、太陽のまわりを回っている。
　　(5) the　　　「窓を開けてくれませんか。」「はい、わかりました。」
　　(6) an　　　私は1時間、数学を勉強した。

> ここまで1問でも間違いがあれば、**要点の確認 1** でチェック。内容が理解できていないようなら、さらに**詳しい解説 1**へ。

6 (1) ① I　② my　③ me　④ mine　⑤ myself
　　(2) ① you　② your　③ you　④ yours　⑤ yourself
　　(3) ① he　② his　③ him　④ his　⑤ himself
　　(4) ① she　② her　③ her　④ hers　⑤ herself
　　(5) ① it　② its　③ it　④ なし　⑤ itself
　　(6) ① we　② our　③ us　④ ours　⑤ ourselves

(7) ① you ② your ③ you ④ yours ⑤ yourselves
(8) ① they ② their ③ them ④ theirs ⑤ themselves

7 (1) ① I always go to school with him.
　　② 私は、いつも彼と学校へ行きます。
　(2) ① She is our daughter.
　　② 彼女は、私たちの娘です。
　(3) ① You give me your money every day.
　　② あなたは毎日、私にあなたのお金をくれます。

8 (1) ① This pencil is hers.
　　② このえんぴつは、彼女のものです。
　(2) ① These cats are theirs.
　　② これらのネコは、彼ら〔彼女ら、それら〕のものです。

9 (1) ① I will go to the library myself.
　　② 私は、自分で図書館へ行くつもりです。
　(2) ① "Oh, how beautiful!" he said to himself.
　　② 「ああ、なんと美しい。」と彼は心の中で思った。
　(3) ① Did you enjoy yourself at the party?
　　② あなたは、そのパーティーで楽しみましたか。

10 (1) It is　(2) It was　(3) It is

11 (1) ① Those girls are your students.
　　② あれらの女の子たちは、あなたの生徒たちです。
　(2) ① This boy was my student.
　　② この少年は、私の生徒でした。

12 (1) one　　その帽子は、とても古かった。それで、彼は新しいものがほしかった。
　(2) were　その男の子たちのみんなが、とても親切でした。
　(3) has　　あなたたちのそれぞれが、1人でそこへ行かなければいけません。
　(4) the other　彼女はネコを2匹飼っている。1匹は黒で、もう1匹は白です。

(5) another 　　私はこのカバンが好きではありません。別のを私に見せてください。
(6) others 　　ある人たちは数学を勉強して、また別の人たちは英語を勉強しました。

▣ここまで1問でも間違いがあれば、要点の確認 2 でチェック。内容が理解できていないようなら、さらに詳しい解説 2 へ。

[CHECK 15　名詞、代名詞]

▶▶▶ **要点の確認**

以下のそれぞれの要点を見て内容が思い出せればOK。わからなかったり、あやふやだったりしたら、〔詳しい解説〕の該当箇所を読みましょう。

1　名詞、冠詞

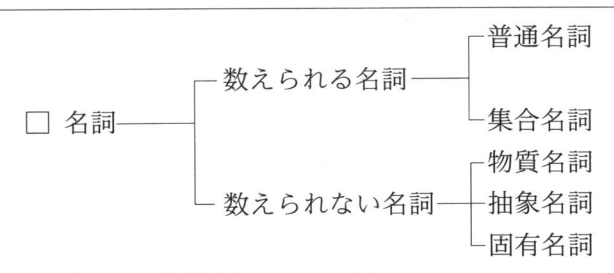

- ☐ 名詞
  - 数えられる名詞
    - 普通名詞
    - 集合名詞
  - 数えられない名詞
    - 物質名詞
    - 抽象名詞
    - 固有名詞

- ☐ 〔名詞の複数形のつくり方〕
  ① ふつうはそのまま語尾に s。
  ② 語尾が s, x, sh, ch なら、語尾に es。
  ③ 語尾が〔子音字＋ y〕なら、y を i にかえて es。
  ④ 語尾が f, fe なら、f, fe を ves。
  ⑤ 不規則変化。

- ☐ 物質名詞の分量の表し方

  a glass of ～、a cup of ～、a piece of ～、a sheet of ～

- ☐ 数や量を表す語句
  (1) 数えられる名詞につく… many、a few、few
  (2) 数えられない名詞につく… much、a little、little
  (3) 両方につく… a lot of、some、any、no

- ☐ 冠詞
  (1) a〔an〕…「1つの～」。数えられる名詞の単数形につける。
  (2) the …「その～」。ある決まったものを示す。単数形にも複数形にもつく。

2 代名詞

- □ 人称代名詞…主格、所有格、目的格、所有代名詞、再帰代名詞
- □ 主格…主語の位置に置く代名詞。
- □ 目的格…目的語の位置に置く代名詞。
- □ 所有格…〈所有格＋名詞〉「～の…」。
- □ 所有代名詞…「～のもの」。
- □ 再帰代名詞
    - (1) 目的語… enjoy ~ self、dress ~ self
    - (2) 強調…「～自身で、自分で」
    - (3) 連語… say to ~ self、by ~ self、for ~ self
- □ it の特別用法…
    時間、距離、天候、寒暖、明暗などを表す文の主語になる。
- □ 指示代名詞… this〔these〕、that〔those〕
- □ 不定代名詞… one、some、something、anyone、all、each、other、another

    〔不定代名詞を含む連語〕
    - ① each other
    - ② one of ~
    - ③ one ~ , the other …
    - ④ some ~ , others …

[CHECK 15　名詞、代名詞]

詳しい解説

1　名詞、冠詞

① 名詞

　ものの名前を表す語を「名詞」といいますが、英語の場合、この名詞には、「数えられる名詞」と「数えられない名詞」があります。名詞の種類は、下のようになります。

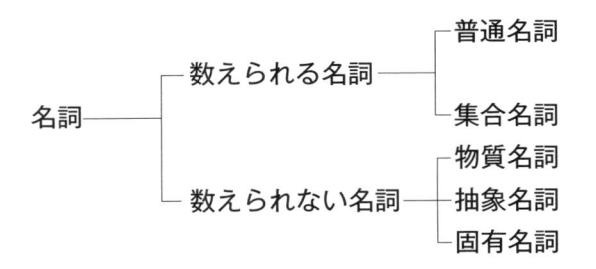

```
              ┌ 数えられる名詞 ──┬ 普通名詞
              │                  └ 集合名詞
名詞 ─────┤
              │                  ┌ 物質名詞
              └ 数えられない名詞 ┼ 抽象名詞
                                 └ 固有名詞
```

② 数えられる名詞

　数えられる名詞には、「普通名詞」と「集合名詞」があります。それぞれは、以下のような内容になります。

(1)　普通名詞…book, desk, boy, dog など、そのものをふつう一般に表す名詞。

(2)　集合名詞…people, family などのように、人や物が何人か、またはいくつか集まってできているものなどを表す名詞。

　これらには、ふつう複数形があります。

複数形の作り方は、次のようになります。

［名詞の複数形のつくり方］
① ふつうはそのまま s をつける。
　（例）books
② 語尾が s, x, sh, ch なら、語尾に es をつける。
　（例）classes, boxes
③ 語尾が〔子音字＋y〕なら、y を i にかえて es をつける。
　（例）dictionaries, cities
④ 語尾が f, fe なら、f, fe を ves にかえる。
　（例）leaf（葉）→ leaves
⑤ 不規則変化するものは、それぞれ覚える。
　（例）man → men

③ 数えられない名詞

数えられない名詞には、「物質名詞」、「抽象名詞」、「固有名詞」があります。それぞれは、以下のような内容になります。

(1) 物質名詞…液体などの一定の形がない物質を表す名詞。water, milk, money など。

(2) 抽象名詞…形などがなく、性質や状態などを表す抽象的な名詞。peace（平和）, fun（おもしろさ）など。

(3) 固有名詞…特定の人名や地名などを表す名詞。Tom, Japan, April など。

④ 物質名詞の分量の表し方

物質名詞は、液体などの一定の形がない物質なので、数えられません。つまり、複数形がないのです。ただ、その分量を表す表現はあります。主なものは、次の通りです。

① a glass of ～（コップ［グラス］1杯の～）
　　（例）a glass of water（コップ［グラス］1杯の水）
② a cup of ～（カップ1杯の～）
　　（例）a cup of tea（カップ1杯のお茶）
　　　　　a cup of coffee（カップ1杯のコーヒー）
③ a piece of ～（ひとかけらの～、1片の～、1本の～、1切れの～）
　　（例）a piece of bread（1枚のパン）、
　　　　　a piece of chalk（1本のチョーク）、
　　　　　a piece of meat（1切れの肉）
④ a sheet of ～（1枚の～）
　　（例）a sheet of paper（1枚の紙）

これらを複数、たとえば、「カップ2杯のコーヒー」とするときは、two cups of coffee とします。つまり、glass や cup、piece など単位の基準となっている名詞を複数形にします。three glasses of water（コップ3杯の水）、five pieces of paper（5枚の紙）などとなるのです。

⑤ 数や量を表す語句

数や量を表す語句には、many、much、a lot of、some、any、no、a few、a little、few、little などがありますが、それぞれは数えられる名詞につくのか、数えられない名詞につくのか、両方につくのかで、次のように違いがあります。

(1) 数えられる名詞につくもの
　　many（たくさんの）、a few（少しの）、few（ほとんどない）

(2) 数えられない名詞につくもの
　　much（たくさんの）、a little（少しの）、little（ほとんどない）

(3) 両方につくもの
　　a lot of（たくさんの）、some（いくつかの）、
　　any（いくつかの、どんな）、no（一つもない）

このような違いがあります。たとえば「たくさんの水」というときには、water は数えられない名詞ですので、many water では間違いになるのです。正しくは、much water または、a lot of water となります。

また、a little ～ や a few ～ は「少し～がある」ですが、little ～、few ～ は「ほとんど～ない」という意味になりますので、注意してください。

　There was a little water in the glass.
　（コップには、水が少しあった。）
　There was little water in the glass.
　（コップには、ほとんど水がなかった。）

⑥ 冠詞

冠詞には、a(an) と the がありますが、それぞれは次のようになります。

(1) a〔母音の前では an〕
　　「1つの～」という意味で、数えられる名詞の単数形につける。
　a pen, a girl, a small dog, an egg, an hour,
　an interesting story

(2) the

　　ある決まったものを示すときに使う。単数形にも複数形にもつく。「その~」と訳したりする。主に、次のような場合に使われる。
　　　ⅰ　話の中で、2度目に出てきた名詞につける。
　　　ⅱ　何を示すかが明らかにわかるときに使う。
　　　（例）Open the door.（ドアを開けなさい。）
　　　ⅲ　1つしかないもの（the sun, the earth など）につける。

つまり、a(an)と the の違いは、大まかにいうと、どれでもいい1つなのか、どれか特定されたものなのか、ということなのです。

① This is a pen.（これは、ペンです。）
② This is the pen.（これは、そのペンです。）

　例文①では、a pen となっていますので、これは世の中に何百、何千万本あるかわかりませんが、たくさんペンというものが世の中にある中で、そのうちの特にどれと特定していない、どこにでもある1つのペンですよ、という意味を含んでいるのです。それに対して、例文②のように、the pen となると、これは、この会話をしている人たちには、どのペンを指すのかわかっている場合に使われます。つまり、私が昨日買ったペンだとか、あなたが大事にしているペンだとか、特定されているペンなのです。こうした違いが基本になりますので、これを理解しておきましょう。

名詞、代名詞

2 代名詞

① 人称代名詞

I や you、he などの代名詞は、人称、数、性、格によって次の表のようになります。

数・人称		人称代名詞			所有代名詞（〜のもの）	再帰代名詞（〜自身）
	格	主格（〜は、が）	所有格（〜の）	目的格（〜を、に）		
単数	1人称	I	my	me	mine	myself
	2人称	you	your	you	yours	yourself
	3人称	he	his	him	his	himself
		she	her	her	hers	herself
		it	its	it	—	itself
複数	1人称	we	our	us	ours	ourselves
	2人称	you	your	you	yours	yourselves
	3人称	they	their	them	theirs	themselves

英語の語順は、「文型」のところで学習した第3文型においては、動詞を前後して、〈主語＋動詞＋目的語〉の形で「(主語)は(目的語)を〜する」の意味になります。

このとき、主語の位置に置く代名詞が「主格」、目的語の位置に置く代名詞が「目的格」です。

I like him.（私は、彼を好きです。）
They know us.（彼らは、私たちを知っています。）

所有格は、〈所有格＋名詞〉で「〜の…」となります。

my book（私の本）   his house（彼の家）
their country（彼らの国）

また、所有格は、**a, the, this, that, no** などといっしょに続けて用いることができないことにも注意してください。
a my book（×）   this your bike（×）   his the pen（×）

② 所有代名詞

所有代名詞は、「〜のもの」となるもので、次のような書き換えパターンに注意してください。

This is my bag.   ⇔   This bag is mine.
（これは私のカバンです。）　　　　（このカバンは私のものです。）

③ 再帰代名詞

-self または -selves のついた形を「再帰代名詞」と呼び、「〜自身」という意味になります。主な使われ方は、次のようになります。

(1) 目的語になる。自分自身に対してある動作を行う使われ方。次のようなものを連語として覚えておく。
　① enjoy 〜 self … 「…を楽しむ」
　　　I enjoyed myself at the party.
　　　（私は、そのパーティを楽しんだ。）
　② dress 〜 self 「〜自身に服を着せる→服を着る」
　　　He dressed himself soon.
　　　（彼は、すぐに服を着た。）

(2) 強調「〜自身で、自分で」
　　　I did it myself.（私は、それを私自身でしました。）

(3) 連語
　① say to ~ self　「心の中で思う」
　② by ~ self　「〔他に誰もいないで〕1人で、独力で」
　③ for ~ self　「自分のために、自分で」

④ it の特別用法

　it は、時間、距離、天候、寒暖、明暗などを表す文の主語として、下のように用いられます。このとき「それ」とは訳さないことに注意してください。

(1) 時間　　What time is it now?（今、何時ですか。）
　　　　　 → It's eight o'clock.（8 時です。）

(2) 距離　　How far is it from here to the station?
　　　　　 （ここから駅まで、どれぐらい離れていますか。）

(3) 天候・寒暖・明暗
　　　　　　It was fine yesterday.（昨日は晴れでした。）
　　　　　　It will be warm tomorrow.（明日は暖かいでしょう。）
　　　　　　It will get dark soon.（すぐに暗くなるでしょう。）

⑤ 指示代名詞

　話し手に近いものを指し示す this〔these〕や、遠いものを指し示す that〔those〕を「指示代名詞」といいます。this「これは、この~」の複数が these「これらは、これらの~」で、that「あれは、あれらの~」の複数が those「あれらは、あれらの~」になります。this から these、that から those に書き換えるときに、次の例文のようにそれぞれ複数形のある単語は複数にそろえることに注意してください。

This boy is my student.（この少年は、私の生徒です。）
These boys are my students.
　　　　　　　　　（これらの少年たちは、私の生徒たちです。）
That is your pencil.（あれは、あなたのえんぴつです。）
Those are your pencils.（あれらは、あなたのえんぴつです。）

⑥ 不定代名詞

　不特定の人やものを表し、また一定でない数量を表す代名詞を「不定代名詞」といい、主に次のようなものがあります。

(1)　one…前に出てきた数えられる名詞を受ける。〈a〔an〕＋名詞〉の代わりをする。

①　I have a cat. Do you have one?（one ＝ a cat）
　　（私はネコを1匹飼っています。あなたは(1匹)飼っていますか。）
②　I have a cat. I love it.（it ＝ the cat）
　　（私はネコを1匹飼っています。私はそれが大好きです。）

　この不定代名詞の one は、前に出てきた名詞そのものを指しはしません。同じ種類のべつのもの(人)を指しています。ですから、例文①では、「私の飼っているネコそのものではなくて、ネコというものを1匹あなたは飼っていますか」という意味で one になります。一方、例文②では、「私が飼っているネコそのものを、私は大好きです」という意味なので、前に出てきた名詞そのものを指す it を使うことになります。この違いに注意してください。

(2)　some…「いくつか」「いく人か」「いくらか」
　　　any…「いくつか」「いくらか」「何か」「だれか」「どんな」「だれでも」特に、〈 not ～ any … 〉で「どんな…も～ない」、つまり「1つも(1人も)～ない」になることに注意が必要です。

(3) -thing、-one など…次のものを覚えておきましょう。
　　something「何かあるもの〔こと〕」　anything「何か、何でも」
　　everything「あらゆるもの〔こと〕」　nothing「何も～ない」
　　someone　「だれか」　　　　　　　anyone「だれか、だれでも」
　　no one　　「だれも～ない」　　　　everyone「みんな、だれでも」

(4) all、both、each
　　all「すべて、全体」は、後に数えられる名詞が複数形でくれば複数扱い、物質名詞などの数えられない名詞が単数形でくれば単数扱いになります。both「両方とも」は常に複数扱い、each「めいめい」は単数扱いになります。

(5) other と another
　　the other は「(2つのうちで)もう一方のもの」、others は「ほかのもの」。another は an (1つの～) と other (ほかのもの) がくっついた語で「(いくつもある中で)もう1つ別のもの」という意味になります。

また、不定代名詞を含む連語では次のようなものを覚えておきましょう。

① each other 「お互い」
② one of ～ 「～の1つ」
③ one ～ , the other …
　「(2つあるうちの)一方は～、他方は…」
④ some ～ , others …
　「～(するもの)もあれば、
　　…(するもの)もある」

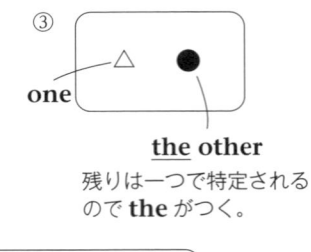

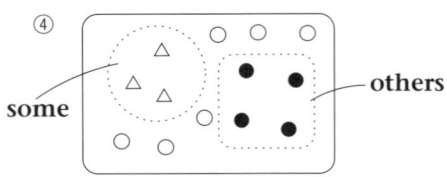

③ one / the other
残りは一つで特定されるので the がつく。

④ some / others

CHECK 16　形容詞、副詞

「形容詞、副詞」は、やや地味なところですが、英文の正しい理解には欠かせません。チェックしてみましょう。

チェックテスト

1 ①（　）内の語を正しく加えて全文を書き、②日本語にしなさい。

(1) That girl is Haruka. （tall）
　①_____
　②（　　　　　　　　　　　　　　　　　　　　　　）

(2) Did you say anything? （new）
　①_____
　②（　　　　　　　　　　　　　　　　　　　　　　）

(3) He wanted something to drink. （hot）
　①_____
　②（　　　　　　　　　　　　　　　　　　　　　　）

2 次の文の①（　）内から適語を選んで全文を書き、②日本語にしなさい。

(1) My father had （many, much） money in the bag.
　①_____
　②（　　　　　　　　　　　　　　　　　　　　　　）

(2) We had （some, few） rain here this year.
　①_____
　②（　　　　　　　　　　　　　　　　　　　　　　）

263

3 次の数字を①英語になおし、②序数を書きなさい。

(1) 1　①　　　　　　　　　　　　②
(2) 2　①　　　　　　　　　　　　②
(3) 3　①　　　　　　　　　　　　②
(4) 9　①　　　　　　　　　　　　②
(5) 12　①　　　　　　　　　　　②
(6) 13　①　　　　　　　　　　　②
(7) 22　①　　　　　　　　　　　②
(8) 40　①　　　　　　　　　　　②
(9) 200　①　　　　　　　　　　②

4 ①（ ）内の語を正しく加えて全文を書き、②日本語にしなさい。

(1) Ken plays tennis.（well）
　①
　②（　　　　　　　　　　　　　　　　　　　　　　　）
(2) He will stay with us.（always）
　①
　②（　　　　　　　　　　　　　　　　　　　　　　　）
(3) You clean your room.（never）
　①
　②（　　　　　　　　　　　　　　　　　　　　　　　）

5 次の日本語に合う英語になるように、（　）に適語を書きなさい。

(1) 彼女も、このカバンを買いましたか。
　　Did she buy this bag,（　　　　　　　）?
(2) はるかも数学が好きではありません。
　　Haruka doesn't like math,（　　　　　　　）.
(3) 彼女は今あまり忙しくない。
　　She is（　　　　　　）（　　　　　　　）busy now.

(4) 彼はいつも眠いというわけではありません。
He is ( ) ( ) sleepy.

(5) 私は英語と数学の両方とも好きではないというわけではありません。
I ( ) like ( ) English and math.

(6) この水は、十分冷たい。
This water is ( ) ( ) .

解答

1 (1) ① That tall girl is Haruka.
② あの背の高い少女は、はるかです。
(2) ① Did you say anything new?
② あなたは何か新しいことを言いましたか。
(3) ① He wanted something hot to drink.
② 彼は何か熱い飲みものがほしかった。

2 (1) ① My father had much money in the bag.
② 私の父はカバンの中に、たくさんのお金を持っていた。
(2) ① We had some rain here this year.
② 今年、ここではいくらか雨が降りました。

3 (1) ① one ② first (2) ① two ② second
(3) ① three ② third (4) ① nine ② ninth
(5) ① twelve ② twelfth (6) ① thirteen ② thirteenth
(7) ① twenty-two ② twenty-second
(8) ① forty ② fortieth
(9) ① two hundred ② two hundredth

▷ここまで1問でも間違いがあれば、**要点の確認 1** でチェック。内容が理解できていないようなら、さらに**詳しい解説 1** へ。

4 (1) ① Ken plays tennis well.
② ケンは上手にテニスをします。
(2) ① He will always stay with us.
② 彼は、いつも私たちといっしょにいるでしょう。
(3) ① You never clean your room.
② あなたは自分の部屋を決してそうじしません。

5 (1) too (2) either (3) not very (4) not always
(5) don't both (6) cold enough

▷ここまで1問でも間違いがあれば、**要点の確認 2** でチェック。内容が理解できていないようなら、さらに**詳しい解説 2** へ。

[CHECK 16　形容詞、副詞]

以下のそれぞれの要点を見て内容が思い出せればOK。わからなかったり、あやふやだったりしたら、〔詳しい解説〕の該当箇所を読みましょう。

▶▶▶ 要点の確認

1　形容詞

- □ 形容詞のはたらき…名詞や代名詞を修飾したり、補語になって主語や目的語に説明を加えたりする。
- □ 形容詞の位置
    - (1) 基本は、修飾する名詞や代名詞の前。
    - (2) **something, anything** などのあと。
    - (3) 第2文型の補語では動詞のあと、第5文型の補語では目的語のあと。
- □ 数や量を表す形容詞など
    - (1) 数を表すもの… many、a few、few
    - (2) 量を表すもの… much、a little、little
    - (3) 数・量の両方を表すもの… some、any、no、a lot of
- □ 基数と序数
    - (1) 基数… one, two, three... と数を表すもの。
    - (2) 序数… first(1番目の)、second(2番目の)、third(3番目の)...と順序を表すもの

2　副詞

- □ 副詞のはたらき…動詞、形容詞、副詞を修飾する。
- □ 副詞の位置
    - (1) 〈動詞(＋目的語)〉のあと。
    - (2) 頻度を表す副詞… ①一般動詞の前、②be動詞、助動詞のあと。
    - (3) 形容詞や副詞を修飾する副詞は、そのすぐ前。
- □ 注意すべき副詞
    - (1) too、either
    - (2) very、not very

    〔部分否定〕not very、not every、not all、not always、not both
    - (3) enough

[CHECK 16　形容詞、副詞]

詳しい解説

1　形容詞

①　形容詞のはたらき

　名詞や代名詞を修飾したり、補語になって主語や目的語に説明を加えたりする語を「形容詞」といいます。主な形容詞には、次のようなものがあります。何回か書いたり読んだりして知らないもの、あやふやなものがないようにしてください。

long（長い）	short（短い、背が低い）	old（古い、年上の）
new（新しい）	young（若い、年下の）	tall（背が高い）
big（大きい）	little（小さい）	large（大きい）
small（小さい）	hot（暑い、熱い）	cold（寒い、冷たい）
warm（暖かい）	cool（涼しい）	nice（すてきな）
easy（かんたんな）	pretty（かわいい）	high（高い）
busy（いそがしい）	heavy（重い）	beautiful（美しい）
difficult（難しい）	popular（人気のある）	important（重要な）
famous（有名な）	useful（役に立つ）	exciting（わくわくする）
interesting（おもしろい）		

②　形容詞の位置

形容詞の置かれる位置は、次のようになります。

(1)　基本的には、修飾する名詞や代名詞の前に置く。
(2)　something, anything などの代名詞を修飾する場合は、そのあとに置く。
(3)　第2文型で補語になるときは動詞のあと、第5文型で補語になるときは目的語のあとに置く。

③ 数や量を表す形容詞などの語句

数や量を表す形容詞や形容詞のはたらきをする語句で、覚えなければならないのは、次のようなものです。

(1) 数を表すもの
many（たくさんの）、a few（少しの）、few（ほとんど〜ない）

(2) 量を表すもの
much（たくさんの）、a little（少しの）、little（ほとんど〜ない）

(3) 数・量の両方を表すもの
some、any、no（まったくない）、a lot of（たくさんの）

④ 基数と序数

基数と序数については、次のようになりますが、綴りが難しいので、何回か書いて正確に覚えることが重要です。

(1) 基数… one、two、three と数を表すもの。

1	one	2	two	3	three	4	four	5	five
6	six	7	seven	8	eight	9	nine	10	ten
11	eleven	12	twelve			13	thirteen		
14	fourteen	15	fifteen			16	sixteen		
17	seventeen	18	eighteen			19	nineteen		
20	twenty	21	twenty-one			22	twenty-two		
30	thirty	40	forty			50	fifty		
60	sixty	70	seventy			80	eighty		
90	ninety	100	one hundred						

(2) 序数… first（1番目の）、second（2番目の）、third（3番目の）と順序を表すもの。序数の前には the をつける。

1	first	2	second	3	third	4	fourth	5	fifth
6	sixth	7	seventh	8	eighth	9	ninth	10	tenth
11	eleventh	12	twelfth			13	thirteenth		
14	fourteenth	15	fifteenth			16	sixteenth		
17	seventeenth	18	eighteenth			19	nineteenth		
20	twentieth	21	twenty-first			22	twenty-second		
30	thirtieth	40	fortieth			50	fiftieth		
60	sixtieth	70	seventieth			80	eightieth		
90	ninetieth	100	one hundredth						

2　副詞

①　副詞のはたらき

　動詞、形容詞、副詞を修飾する語を「副詞」といいます。主な副詞は、次のようなものです。中学レベルではそれほど数はありませんが、知らなかったり、あやふやだったりする語は、何回か書いて覚えてください。

early（早く）　　　　fast（速く）　　　well（上手に、うまく）
hard（熱心に、一生懸命に）　　　　　　slowly（ゆっくりと）
quickly（すばやく）　always（いつも）　usually（たいてい）
often（よく、しばしば）　　　　　　　sometimes（ときどき）
seldom（ほとんど〜ない）　　　　　　 never（決して〜ない）

②　副詞の位置

副詞の位置は、次のようになります。

(1)　動詞を修飾する場合は、ふつう〈動詞（＋目的語）〉のあとにおく。

　　　　He studied hard there yesterday.　（彼は、そこで昨日熱心に
　　　　　　　　　〈様態＋場所＋時〉の順　　勉強した。）

(2) 頻度を表す次のような副詞は、①一般動詞の前、② be 動詞、助動詞のあとにおく。

　　I often play tennis.（私は、しばしばテニスをします。）
　　He is always busy.（彼は、いつもいそがしい。）

［頻度を表す副詞］
　　always（いつも）　　　　usually（たいてい）
　　often（よく、しばしば）　sometimes（ときどき）
　　seldom（ほとんど～ない）　never（決して～ない）

(3) 形容詞や副詞を修飾する副詞は、そのすぐ前におく。

　　He is a very tall man.（彼は、とても背の高い人です。）

③ 注意すべき副詞

その他注意すべき副詞には、次のようなものがあります。

(1) too と either
　　肯定文や疑問文で「～も」は too、否定文では either を使う。

　　He likes tennis, too.
　　（彼もテニスが好きです。）
　　He doesn't like tennis, either.
　　（彼もテニスが好きではありません。）

(2) very と not very
　　very は「とても～」の意味、not very は「あまり～ではない」という意味で、一部を否定する「部分否定」になる。

He likes tennis very much.
（彼は、とてもテニスが好きです。）
He doesn't like tennis very much.
（彼は、あまりテニスが好きではありません。）

部分否定になるものは、次のようなものがあります。
 not very（あまり～ではない）
 not every（すべて～というわけではない）
 not all（すべて～というわけではない）
 not always（いつも～というわけではない）
 not both（両方～というわけではない）

(3) enough
 「十分な」という意味で、名詞を修飾するときは、その前におかれるが、形容詞や副詞を修飾するときは、そのあとに置く。

 I had enough money.（私は、十分なお金を持っていた。）

 It is warm enough now.（もう十分に暖かい。）

CHECK 17 命令文、感嘆文、会話表現

では、これが最後のチェックテストです。あいまいなところはないか、確認してみましょう。

チェックテスト

1 次の文を①命令文に書き換え、②それを日本語になおしなさい。

(1) You clean your room yourself.
   ① _____
   ② (   )

(2) You are kind to others.
   ① _____
   ② (   )

2 次の文を① please のついた命令文にし、②日本語になおしなさい。

(1) Get up earlier tomorrow morning.
   ① _____
   ② (   )

3 次の文を①否定の命令文にし、②それを日本語にしなさい。

(1) Swim in this lake.
   ① _____
   ② (   )

4 次の英語を Let's ～の文にし、また、それを日本語にしなさい。

(1) Go to the library.
   ① _____
   ② (   )

5 次の英文を日本語になおしなさい。

(1) Turn to the left and you'll see a post office.
(　　　　　　　　　　　　　　　　　　　　　　　　　)

(2) Start at once or you'll be late for the bus.
(　　　　　　　　　　　　　　　　　　　　　　　　　)

6 ほぼ同じ内容になるように(　)に適語を書き、日本語にしなさい。

(1) You must study math hard.
(　　　　) (　　　　　　) hard.
日本語 (　　　　　　　　　　　　　　　　　　　　)

(2) Be kind to old people.
(　　　) (　　　) (　　　　) (　　　　) to old people.
日本語 (　　　　　　　　　　　　　　　　　　　　)

(3) You must not swim in this river.
(　　　　) (　　　　) (　　　　) (　　　　) river.
日本語 (　　　　　　　　　　　　　　　　　　　　)

(4) Shall we go to the library?
(　　　　　) (　　　　　　) to the library.
日本語 (　　　　　　　　　　　　　　　　　　　　)

7 (　)に How, What のうち適するものを書き、日本語にしなさい。

(1) (　　　　　) a big house!
日本語 (　　　　　　　　　　　　　　　　　　　　)

(2) (　　　　　) interesting!
日本語 (　　　　　　　　　　　　　　　　　　　　)

(3) (　　　　　) nice your room is!
日本語 (　　　　　　　　　　　　　　　　　　　　)

(4) (　　　　　) an old car he has!
日本語 (　　　　　　　　　　　　　　　　　　　　)

8 次の英文を日本語にしなさい。

(1) See you later.　　　(　　　　　　　　　　　　)
(2) What's the matter with you?　(　　　　　　　　　　　　)
(3) Pardon?　　　(　　　　　　　　　　　　)
(4) Why don't you ~ ?　(　　　　　　　　　　　　)

9 買い物などの場面での、次の会話表現を日本語にしなさい。

(1) May I help you?　　　(　　　　　　　　　　　　)
(2) Here you are.　　　(　　　　　　　　　　　　)
(3) I'll take it.　　　(　　　　　　　　　　　　)
(4) Here's your change.　(　　　　　　　　　　　　)

10 電話のときの、次の会話表現を日本語にしなさい。

(1) May I speak to ~ ?　　　(　　　　　　　　　　　　)
(2) This is ~ (speaking).　　　(　　　　　　　　　　　　)
(3) Who's calling?　　　(　　　　　　　　　　　　)
(4) I'll call back later.　　　(　　　　　　　　　　　　)
(5) You have the wrong number.　(　　　　　　　　　　　　)

11 道案内などの場面での、次の会話表現を日本語にしなさい。

(1) Could you tell me the way to the museum?
　(　　　　　　　　　　　　)
(2) How can I get to the station?
　(　　　　　　　　　　　　)
(3) How long does it take to the university?
　(　　　　　　　　　　　　)

解答

1 (1) ① Clean your room yourself.
　　　　②自分で自分の部屋をそうじしなさい。
　(2) ① Be kind to others.
　　　　②他人には親切にしなさい。

2 (1) ① Please get up earlier tomorrow morning.
　　　　②どうぞ明日の朝、より早く起きてください。

3 (1) ① Don't swim in this lake.
　　　　②この湖で泳いではいけません。

4 (1) ① Let's go to the library.
　　　　②図書館へ行きましょう。

5 (1) 左に曲がりなさい、そうすればあなたは郵便局が見えるでしょう。
　(2) すぐに出発しなさい、そうでないとあなたはバスに遅れるでしょう。

6 (1) Study math　　　一生懸命に数学を勉強しなさい。
　(2) You must be kind
　　　　あなたはお年寄りに親切にしなければならない。
　(3) Don't swim in this　　この川で泳いではいけません。
　(4) Let's go　　　　　　図書館へ行きましょう。

⊜ここまで1問でも間違いがあれば、**要点の確認 1** でチェック。内容が理解できていないようなら、さらに**詳しい解説 1** へ。

7 (1) What　　なんと大きな家でしょう。
　(2) How　　なんとおもしろい。
　(3) How　　あなたの部屋は、なんとすてきなのでしょう。
　(4) What　　なんと古い車を彼は持っているのでしょう。

⊜ここまで1問でも間違いがあれば、**要点の確認 2** でチェック。内容が理解できていないようなら、さらに**詳しい解説 2** へ。

8 (1) じゃあ、またね。　　　　(2) どうかしたのですか。
　　(3) もう1度言ってください。　(4) 〜してはどうですか。

9 (1) いらっしゃいませ。　　　(2) はい、どうぞ。
　　(3) それをいただきます。　　(4) おつりです。

10(1) 〜さんをお願いします。　(2) こちらは〜です。
　　(3) どちらさまですか。　　　(4) あとでかけ直します。
　　(5) あなたは番号を間違えてかけています。

11(1) 博物館への道を教えていただけますか。
　　(2) 駅へはどのようにして行ったらいいですか。
　　(3) その大学へはどのくらい時間がかかりますか。

▣ここまで1問でも間違いがあれば、要点の確認3でチェック。内容が理解できていないようなら、さらに詳しい解説3へ。

命令文、感嘆文、会話表現

[CHECK 17　命令文、感嘆文、会話表現]

▶▶▶ 要点の確認

以下のそれぞれの要点を見て内容が思い出せればOK。わからなかったり、あやふやだったりしたら、〔詳しい解説〕の該当箇所を読みましょう。

1　命令文

- □ 一般動詞の命令文…〈一般動詞の原形〜.〉
- □ be 動詞の命令文…〈Be 〜.〉
- □ 否定の命令文…〈Don't ＋動詞の原形〜.〉
- □ please のつく命令文…〈Please ＋動詞の原形〉
- □ Let's 〜 . の文…〈Let's ＋動詞の原形〜.〉
- □ 〈命令文 , and 〜 .〉〈命令文 , or 〜 .〉
- □ 命令文の書き換え
  - (1)　命令文 ⇔ You must 〜 .
  - (2)　Don't 〜 . ⇔ You mustn't 〜 .
  - (3)　Please 〜 . ⇔ Will［Would］you 〜 ?
  - (4)　Let's 〜 . ⇔ Shall we 〜 ? ⇔ How about 〜 ing ?
  - (5)　命令文 , and 〜 . ＝ If you …, you 〜 .
  - (6)　命令文 , or 〜 . ＝ If you don't …, you 〜 .

2　感嘆文

- □ 〈How ＋形容詞〔副詞〕!〉
- □ 〈What（＋ a〔an〕）＋形容詞＋名詞 !〉

3　会話表現

- □ あいさつなど

Good morning.	Good afternoon.	Good evening.
Hi. 　Hello.	Good-by(e).	Bye now.
See you later.	How do you do?	Nice to meet you.
Thank you (very much).	You're welcome.	Not at all.

Excuse me.　　I'm sorry.　　How are you?　　What's up?
What's wrong?　　What's the matter（with you）?
Pardon?　　Why don't you ～ ?　　I see.
Have a good time.　　That's too bad.　　Really?
That's right.　　That's all right.

□ 買い物などでの表現
May I help you?　　I'm looking for ～ .　　Yes, please.
No, thank you.　　How about ～ ?　　Here you are.
Show me another.　　How much is ～ ?　　I'll take it.
Here's your change.

□ 電話での表現
Hello.　　May I speak to ～ ?　　This is ～（speaking）.
Speaking.　　Who's calling?〔May I ask who's calling?〕
Hold on.　　Can I take a message?
I'll call back（later）.　　You have the wrong number.

□ 道案内などでの表現
Could you tell me the way to ～ ?
How can I get to ～ ?
How long does〔will〕it take to ～ ?

[CHECK 17　命令文、感嘆文、会話表現]

詳しい解説

1　命令文

①　命令文の基本

相手に「～しなさい」と命令するときは、主語（you）を省略して、動詞の原形で文を始めます。基本の形は次のようになります。

(1) 一般動詞の命令文…〈一般動詞の原形～ .〉
　　主語を置かずに、次の例文のように一般動詞の原形で文を始めます。

　　　<u>Study</u> English hard.（一生懸命に英語を勉強しなさい。）
　　　動詞の原形

(2) be 動詞の命令文…〈Be ～ .〉
　　命令文は動詞の原形で始めるのが原則ですから、もともと be 動詞が必要な文では、次の例文のように原形の be で文を始めて命令文にします。

　　　<u>Be</u> kind to old people.（お年寄りには親切にしなさい）
　　　動詞の原形

(3) 否定の命令文…〈Don't ＋動詞の原形～ .〉
　　「～してはいけません」「～するな」とその行為を禁止するようにいうときは、次の例文のように命令文の文頭に Don't をつけて、〈Don't ＋動詞の原形～ .〉で表します。

　　　<u>Don't</u> play soccer here.（ここでサッカーをしてはいけません。）

② その他の命令文

その他に覚えておくべき命令文には、次のようなものがあります。

(1) please のつく命令文…〈Please ＋動詞の原形〉

少していねいにして、「どうぞ～してください」と依頼するときは、命令文の文頭か文尾に please をつけることになります。文尾につけるときは、その前にコンマ「,」をつけます。

　　Please open the window. （窓を開けてください。）
　　Open the window, please. （窓を開けてください。）

(2) Let's ～ . の文…〈Let's ＋動詞の原形～ .〉

「～しましょう」と相手を勧誘するときは、次の例文のように〈Let's ＋動詞の原形～ .〉で表します。

　　Let's go swimming in the sea.
　　（海に泳ぎに行きましょう。）

(3) 〈命令文 , and ～ .〉〈命令文 , or ～ .〉

〈命令文 , and ～ .〉で「…しなさい、そうすれば～」、〈命令文 , or ～ .〉で「…しなさい、そうでないと～」。これらは、命令文を含んだもので覚えておかなければならない文の形です。

　　Study hard, and you will pass the exam.
　　（熱心に勉強しなさい、そうすればあなたは試験に通るでしょう。）
　　Do your homework, or you will not understand math.
　　（宿題をしなさい、そうでないと数学がわからなくなるでしょう。）

③ 命令文の書き換え

命令文のよく出る書き換えのパターンは、以下のようなものです。

(1) 命令文 ⇔ You must ~ .
　　　Study hard.（一生懸命に勉強しなさい。）
　　⇔ You must study hard.
　　　（あなたは一生懸命に勉強しなければならない。）

(2) Don't ~ . ⇔ You mustn't ~ .
　　　Don't play soccer here.（ここでサッカーをするな。）
　　⇔ You mustn't play soccer here.
　　　（あなたは、ここでサッカーをしてはいけない。）

(3) Please ~ . ⇔ Will〔Would〕you ~ ?
　　　Please help me.（どうぞ私を手伝ってください。）
　　⇔ Will you help me?（私を手伝ってくれませんか。）

(4) Let's ~ . ⇔ Shall we ~ ? . ⇔ How about ~ ing ?
　　　Let's play tennis.（テニスをしましょう。）
　　⇔ Shall we play tennis?（テニスをしましょう。）
　　⇔ How about playing tennis?（テニスをするのはどうですか。）

(5) 命令文 , and ~ . = If you …, you ~ .
　　　Practice harder, and you will win the game.
　　　（もっと熱心に練習しなさい、そうすれば試合に勝つでしょう。）
　　⇔ If you practice harder, you will win the game.
　　　（もしもっと熱心に練習するならば、試合に勝つでしょう。）

(6) 命令文 , or ~ . = If you don't …, you ~ .
  <u>Do</u> your homework, <u>or</u> you will not understand math.
  （宿題をしなさい、そうでないと数学がわからなくなるでしょう。）
  ⇔ <u>If you don't</u> do your homework, <u>you</u> will not understand math.
  （もしあなたが宿題をしないのならば、あなたは数学がわからなくなるでしょう。）

2 感嘆文

① 感嘆文 How ～ ! , What ～ !

英語では、驚いたり感じ入ったり嘆いたりするときに使う表現を「感嘆文」といいます。これには次のように2種類あります。

(1) 〈How +形容詞〔副詞〕！〉「なんと～なのでしょう」
  <u>How</u> nice!（なんとすてきなんでしょう。）

(2) 〈What (＋ a〔an〕) +形容詞+名詞！〉「なんと～な…なのでしょう」
  <u>What</u> a nice racket!（なんとすてきなラケットなんでしょう。）

また、これには、後に〈主語＋動詞〉が続くこともあります。

  <u>How</u> nice <u>this racket is</u>!
  （このラケットは、なんとすてきなんでしょう。）
  <u>What</u> a nice racket <u>this is</u>!
  （これは、なんとすてきなラケットなんでしょう。）

(2)の文では、名詞が複数のときは What nice rackets ! のような形になり、a〔an〕はつかないことになります。

3 会話表現

中学レベルでの会話表現は次のようなものです。知らないもの、あやふやなものはないか確認してください。

① あいさつなど

あいさつなどの会話表現です。知らないものはないか確認しましょう。

Good morning.「おはよう。」
Good afternoon.「こんにちは。」
Good evening.「こんばんは。」
Hi. / Hello.「やあ。こんにちは。」(1日中使える気軽な言い方)
Good-by(e). / Bye now. / See you later.「じゃあ、またね。」
How do you do? / Nice to meet you.「はじめまして。」
Thank you (very much).「(どうも)ありがとう。」
You're welcome. / Not at all.「どういたしまして。」
Excuse me.「すみません。」「失礼ですが。」
I'm sorry.「すみません。」「ごめんなさい。」
How are you?「ごきげんいかがですか。」
What's up?「どうしたの。」「調子はどう？」
What's wrong? / What's the matter (with you)?
　「どうかしたのですか。」
Pardon?「もう1度言ってください。」
Why don't you ～?「～してはどうですか。」
I see.「なるほど。」
Have a good time.「楽しくお過ごしください。」
That's too bad.「お気の毒に。」
Really?「本当？」
That's right.「そのとおりです。」
That's all right.「いいですよ。」

② 買い物などでの表現

買い物をする場面でよく出てくる表現です。

May I help you?「いらっしゃいませ。」
I'm looking for ～ .「～をさがしています。」
Yes, please.「はい、お願いします。」
No, thank you.「いいえ、けっこうです。」
How about ～ ?「～はいかがですか。」
Here you are.「はい、どうぞ。」
Show me another.「別のものを見せてください。」
How much is ～ ?「～はいくらですか。」
I'll take it.「それをいただきます。」
Here's your change.「おつりです。」

③ 電話での表現

電話での会話でよく出てくる表現は次のようなものです。

Hello.「もしもし。」
May I speak to ～ ?「～さんをお願いします。」
This is ～ (speaking).「こちらは～です。」
Speaking.「私です。」
Who's calling?〔May I ask who's calling?〕「どちらさまですか。」
Hold on.「切らずにお待ちください。」
Can I take a message?「伝言をお受けしましょうか。」
I'll call back (later).「(あとで)かけ直します。」
You have the wrong number.
　「あなたは番号を間違えてかけています。」

④ 道案内などでの表現

道案内の場面でよく使われる表現は次のようなものです。

Could you tell me the way to ～ ?
　「～への道を教えていただけますか。」
How can I get to ～ ?「～へはどのようにして行ったらいいですか。」
How long does〔will〕it take to ～ ?
　「～へはどのくらい時間がかかりますか。」

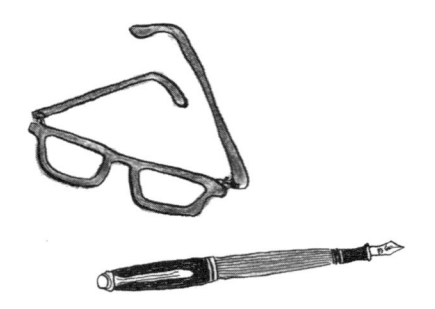

● 著者紹介

坂本訓隆（さかもと　くにたか）

大阪府出身。
大阪府立大学経済学部卒業後、大阪府庁に入庁。
港湾局や企画室で地域行政に5年間携わった後、学習塾講師、予備校講師に転身。
1993年より、個別指導の学習塾を主宰。
20年ほどの間、多数の様々なレベルの小・中・高校生の英語・数学などを直接指導する中で、現場の生徒の反応を通して、効率的な指導法・学習法を追究している。現在、基本がわからなくなって困っている生徒から上位校を目指す生徒まで、あらゆるレベルの生徒の成績向上に貢献中。

［著書］『徹底練習　しっかり学ぶ中学英語』
　　　　『必ず身につけておきたい中学英語の基本語句・構文・熟語』
　　　　　　　　　　　　　　　　　　　　　　　（共にベレ出版）

時間がない人のための中学英語やりなおし

2013年4月25日　初版発行

著者	坂本訓隆（さかもとくにたか）
カバーデザイン	竹内雄二
カバー・本文イラスト	赤井稚佳

© Kunitaka Sakamoto 2013, Printed in Japan

発行者	内田眞吾
発行・発売	ベレ出版 〒162-0832　東京都新宿区岩戸町12 レベッカビル TEL　03-5225-4790 FAX　03-5225-4795 ホームページ http://www.beret.co.jp/ 振替 00180-7-104058
印刷	三松堂株式会社
製本	根本製本株式会社

落丁本・乱丁本は小社編集部あてにお送りください。送料小社負担にてお取り替えします。
本書の無断複写は著作権法上での例外を除き禁じられています。購入者以外の第三者による本書のいかなる電子複製も一切認められておりません。

ISBN978-4-86064-352-2 C2082　　　　　　　　　編集担当　綿引ゆか

徹底練習
しっかり学ぶ中学英語

坂本訓隆 著

A5 並製／定価 2100 円（5％ 税込） 本体 2000 円
ISBN978-4-86064-295-2 C2082　　■ 592 頁

ことばを習得するには、たくさん練習をして体で覚えていくことしかありません。練習とは、鉛筆を持って問題を一つひとつ解いていくことです。単語や熟語を何回も書いたり、英文を和訳したり、英作文をしたり、正しい語順に並び替えたりすることです。本書は、塾で中学生に教えている著者が、英語がわからなくなっている生徒をぜったいに混乱させないように、ていねいに解説し、練習させている内容そのままがまとめてあります。英語をイチからはじめたい、やりなおしたい人が一人でもしっかり学べる本です。

必ず身につけておきたい
中学英語の基本語句・構文・熟語

坂本訓隆 著

A5 並製／定価 1785 円（5％ 税込） 本体 1700 円
ISBN978-4-86064-314-0 C2082　　■ 320 頁

本書は、一般にある語彙集、熟語集とは少し違い、文法の基本項目と一緒に学習していきます。文法の骨組みを意識しながら語彙力をつけていくことは、英語の基本を身につけるのにとても有効です。1 章では、文法項目ごとに重要な語句、構文を、2 章では系統的に並んだ熟語と表現を、それぞれ解説を読んで意味を理解した後、問題を解いてしっかりと身につけていきます。今までなかった、書いて覚える問題形式の語句・構文・熟語集です。